AF377805

COLLECTIONS DE JANZÉ

ORDRE DES VACATIONS

1re *journée, Lundi 16 Avril,*

OBJETS DE LA RENAISSANCE, &, Nᵒˢ 1 à 89

2ᵉ *Journée, Mardi 17*	3ᵉ *Journée, Mercredi 18*	4ᵉ *Journée, Jeudi 19*
Nᵒˢ 101 à 119	Nᵒˢ 90 à 100	Nᵒˢ 120 à 133
134 à 138	139 à 149	150 à 165
166 à 180	181 à 210	211 à 237
238 à 247	248 à 267	321 à 368
268 à 292	293 à 320	391 à 420
377 à 390	369 à 376	468 à 520
433 à 440	421 à 432	
521 à 566	441 à 467	
586 à 625	567 à 584	
	626 à 637	

Les Médailles seront vendues, par ordre de Numéros, les Vendredi 20, Samedi 21 et Lundi 23.

Paris. — Typ. PILLET fils aîné, 5, rue des Grands-Augustins.

CATALOGUE

des

OBJETS D'ART

ET DE HAUTE CURIOSITÉ

ANTIQUES & DE LA RENAISSANCE

MÉDAILLES

COMPOSANT LA COLLECTION DE FEU

M. le vicomte de JANZÉ

ET DONT LA VENTE AURA LIEU

PAR SUITE DE SON DÉCÈS

HOTEL DROUOT, SALLE Nº 5

Les Lundi 16 Avril 1866 et jours suivants.

A DEUX HEURES.

Par le ministère de Mᵉ CHARLES PILLET, Commissaire-Priseur,
rue de Choiseul, 11,

ASSISTÉ DE

MM. ROLLIN et FEUARDENT, Experts, 12, rue Vivienne,

CHARLES MANNHEIM, Expert, 10, rue de la Paix,

CLÉMENT, Expert, rue des Saints-Pères, 3.

EXPOSITIONS
{ PARTICULIÈRE, le Samedi 14 Avril 1866.
PUBLIQUE, le Dimanche 15 Avril 1866.

DE UNE HEURE A CINQ.

CONDITIONS DE LA VENTE

Elle sera faite au comptant.

En sus des enchères, les acquéreurs payeront *cinq pour cent*.

L'exposition mettant le public à même de se rendre compte de l'état des objets, il ne sera admis aucune réclamation une fois l'adjudication prononcée.

Ce Catalogue se trouve :

Chez MM.

A *Paris*,	CHARLES PILLET, commissaire-priseur, 11, rue de Choiseul.
—	ROLLIN ET FEUARDENT, experts, rue Vivienne, 12.
—	MANNHEIM, experts, 10, rue de la Paix.
—	CLÉMENT, expert, rue des Saints-Pères, 3.
A *Londres*	COLNAGHI, 14, Pall-Mall-East.
—	JOHN WEBB, 22, Cork-Street, Burlington-Garden.
—	H. DURLACHER, 113, New-Bond street.
—	ANNOOT, 16, Old-Bond street.
—	F. DAVIS, 101, New-Bond street.
—	GAMBART, 120, Pall-Mall.
A *Bruxelles*,	ÉTIENNE LEROY, 12, place du Grand-Sablon
A *Rotterdam*,	LAMME, conservateur du Musée.
A *La Haye*,	VAN GOGH, marchand d'estampes.
A *Berlin*,	FIOCATI, 21, unter den Linden.
—	LEPKE, 12, id.
A *Vienne*,	ARTARIA et Cᵉ.
—	Maison GOUPIL, représentant M KAESER
A *Francfort-s.-Mein*,	LŒVENSTEIN frères, Zeil.
—	GOLDSCHMIDT, Zeil, hôtel de Russie.
A *Saint-Pétersbourg*,	NEGRI père et fils.

Paris. — Imp. de PILLET fils aîné, rue des Grands-Augustins, 5.

DÉSIGNATION

DES OBJETS

MONUMENTS DE LA RENAISSANCE

Sculptures

1 — Marbre blanc. — Bas-relief. Tête de Vierge, profil à gauche, dans le style de Mino de Fiesole. xvᵉ siècle. Haut., 24 cent.; larg., 16 cent.

2 — Marbre blanc. — Bas-relief, cintré par le haut. Buste de jeune homme tourné à gauche; la tête ceinte d'une couronne de lauriers. École florentine du xvᵉ siècle. Haut., 32 cent.; larg., 21 cent.

3 — Marbre blanc. — Haut-relief. La Vierge et l'Enfant Jésus, reposant sur une tête de chérubin. Ce groupe est placé sous un monument à plein-cintre, enrichi d'ornements très-finement sculptés en bas-relief. Au bas se trouve l'inscription : VERA. VIRGO. ET. MATER. DEI.

Ouvrage italien de la première moitié du xvιᵉ siècle. Haut., 63 cent.; larg., 35 cent.

4 — Marbre blanc. — Bas-relief. La Vierge nimbée et vue
à mi-corps, regarde son divin Fils à demi-couché sur son
bras gauche. Dans le fond, un ange porte une coupe
chargée de fruits. De chaque côté un candélabre orné,
forme pilastre. École de Donatello. Haut., 69 cent.; larg.,
44 cent.

5 — Porphyre rouge oriental. — Bas-relief sans fond. La
Vierge vue à mi-corps, tenant son divin fils debout. Ouvrage italien de la fin du xv⁰ siècle. Haut., 39 cent.; larg.,
26 cent.

6 — Marbre rouge antique. — Ronde-bosse. — Tête de satyre souriant, grandeur nature. Travail italien du xvi⁰
siècle.

7 — Marbre blanc. — Buste de jeune femme, avec chlamyde en albâtre orientale et piédouche en porphyre rouge
oriental. Haut., 55 cent.

8 — Marbre blanc. — Buste de jeune romain, sur piédouche
en brèche violette. Haut., 50 cent.

9 — Marbre blanc, veiné de rouge. — Haut-relief. — Buste
d'homme barbu, profil à droite. Ouvrage italien du xvi⁰
siècle. Haut., 32 cent.; larg., 27 cent.

10 — Marbre blanc. — Haut-relief de forme carrée, présentant un buste de femme vue de profil et tournée vers la
gauche. Travail de la fin du xvi⁰ siècle. Haut., 29 cent.;
larg., 21 cent.

11 — Marbre blanc. — Bas-relief. — Médaillon rond présentant à son centre, une figure d'homme assis, dans un paysage et tenant un listel sur lequel se trouve gravée l'inscription suivante : Si. T. Vitae. Norma de Calogus. Bordure à oves en relief. Travail italien du xvi° siècle. Diam., 33 cent.

12 — Marbre blanc. — Bas-relief. — La force, figurée par une statuette de femme debout et drapée, portant une colonne brisée. Sculpture dans le goût de Germain Pilon. xvi° siècle. Haut., 29 cent.; larg., 19 cent.

13 — Marbre blanc. — Haut-relief. — Bénitier formé par une tête de chérubin, supportant une coquille. xvii° siècle. Haut., 24 cent.

14 — Marbre blanc. — Bas-relief de forme carré long, représentant la Foi. Composition de cinq figures. Travail français de la fin du xvi° siècle. Larg., 43 cent.; Haut., 21 cent.

15 — Marbre blanc. — Haut-relief. — Lucrèce nue et debout, se frappant d'un poignard qu'elle tient de la main droite. xvi° siècle. Haut., 34 cent.

16 — Marbre blanc. — Groupe. — Hercule et le lion de Némée. Ouvrage italien du xvi° siècle. Haut., 33 cent.; larg., 42 cent.

17 — Marbre blanc. — Ronde-bosse. — Amour couché sur
un dauphin. XVIᵉ siècle.

18 — Marbre blanc. — Bas-relief. — Tête de Gorgone, vue
de face. Fragment.

19 — Marbre blanc. — Ronde-bosse. — Figure de femme assise. Elle tient un rouleau de la main droite. XVIᵉ siècle.
Haut., 29 cent.

20 — Marbre blanc. — Fragment de bas-relief. La Vierge et
l'Enfant Jésus. XVIIᵉ siècle. Haut., 19 cent.

21 — Marbre blanc. — Bas-relief. — Frise présentant deux
griffons placés à droite et à gauche d'un vase.

22 — Marbre blanc. — Bas-relief. — Figure de femme à
demi couchée. Haut., 12 cent.; larg., 34 cent.

23 — Marbre blanc. — Médaillon rond, présentant un buste
d'homme, profil à droite, sculpté en bas-relief. Style
XVIᵉ siècle. Diam., 18 cent.

24 — Terre cuite. — Bas-relief. Ecole de Donatello. — La
Vierge nimbée, vue à mi-corps, tenant son divin Fils assis
sur son bras gauche. Haut., 45 cent.; larg. 33 cent.

25 — Terre cuite. — Moïse, d'après Michel-Ange. Ouvrage
de l'époque. Haut., 38 cent.

26 — **Terre** émaillée de Lucca della Robbia. — Bas relief. —
La Vierge assise tenant son divin Fils assis sur ses genoux.
Les figures sont émaillées blanc et le fond est bleu. Haut.,
40 cent.; larg., 44 cent.

27 — **Bois.** — Buste très-finement sculpté de Jean Bellin.
Ouvrage de l'époque. Il est monté sur un socle en bois
noir, dans lequel se trouve une médaille de bronze portant à l'exergue : GIOVANNI BELLINI. PITTORE VENEZIA.
Haut. totale, 30 cent.

28 — **Bois.** — Ronde-bosse. — Groupe représentant la Bien-
faisance, composé d'une figure de femme assise, entourée
par quatre figurines d'enfants. Cette pièce a conservé des
traces de dorure. Travail de la fin du xvi⁰ siècle. Haut.,
32 cent.

29 — **Calcaire** compacte. — Bas-relief de forme cintrée, exé-
cuté par M. de Triqueti, 1846. Hommages rendus à
Homère. Le Dante, entouré par les Muses, est agenouillé
aux pieds du poëte. Au bas, se trouve l'inscription : ONO-
RATE L'ALTISSIMO POETA. Haut., 32 cent.; larg., 27 cent.

30 — **Albâtre.** — Bas-relief. — Personnage en riche costume
du xvi⁰ siècle, monté sur un cheval dont la tête et la
queue sont ornées de panaches. Dans l'angle gauche supé-
rieur est un écusson armorié. Dans le bas, se trouve un
cartouche portant une inscription allemande, ainsi que la
date de 1591. Haut., 42 cent.; larg., 27 cent.

31 — Albâtre. — Haut-relief. — Le Calvaire, composition de quantité de figures. Au-dessus du sujet et dans le fronton, du cadre en bois sculpté, se trouve le buste du Père éternel entouré d'anges. xvi° siècle. Haut., 44 cent.; larg., 37 cent.

32 — Albâtre. — Bas-relief. — Médaillon de forme octogone, présentant le buste de l'empereur Ferdinaud d'Autriche, profil à droite. Il porte le collier de ia Toison d'or et le millésime de 1533. Diam., 19 cent.

33 — Albâtre. — Haut-relief. — Adam et Ève. xvi° siècle. Haut., 16 cent.; larg. 11 cent.

34 — Albâtre. — Petit buste de Henri IV, tête laurée. Haut., 27 cent.

35 — Marbre blanc. — Médaillon rond présentant en bas-relief un buste d'homme, tourné à gauche. Diam., 15 cent.

36 — Ivoire. — Buste de Louis XIII, tourné à droite et sculpté en haut relief. Haut., 9 cent.

37 — Ivoire. — Médaillon rond. MARIA II, D. G. MAG. BRIT. FR. ET HIB. REGINA. Buste en bas-relief, profil à droite. Diam., 9 cent.

Bronzes

38 — Magnifique haut-relief en bronze par Andrea Riccio. — La Mise au tombeau. Un nombre considérable de dis-

...ciples et de saintes femmes accompagnent le corps de Notre-Seigneur, que Joseph d'Arimathie précède en portant un vase sur lequel est écrit à rebours le nom : AN- DREA. XV° siècle. Haut., 50 cent.; larg., 74 cent.

39. — Bas-relief en bronze, dans le style d'Andrea Riccio. — La Mise au tombeau. Sur la pierre on lit l'inscription suivante : QUEM. TOTUS. NON. CAP. ORBS. IN HAC TUMBA. CLAU- DIT. XV° siècle. Haut., 11 cent.; larg., 16 cent.

40. — Bas-relief en bronze dans le style de Donatello. — Jésus-Christ pleuré par les saintes femmes. A droite, un apôtre tient les clous; à gauche, un autre porte la couronne. XV° siècle. Haut., 12 cent.; larg., 20 cent.

41. — Léon-Baptiste Alberti. — Beau médaillon ovale en bronze. — Il présente en bas-relief un portrait d'homme, vu de profil et regardant à gauche. Cette pièce est signée L. BAP. et porte comme monogramme un œil ailé.

La belle médaille de L. B. Alberti, par Sperandeo, a pour revers ce même œil ailé.

Ouvrage italien du XV° siècle. Haut., 20 cent.; larg., 13 cent.

42 — Petit bas-relief carré en bronze. — Martyre de saint Sébastien. Cette plaque rappelle beaucoup le tableau de Pollaiuolo qui est conservé à la National Gallery. Ouvrage italien du XV° siècle. Haut., 75 mill.; larg., 65 mill.

43 — Statuette. — Hercule portant la peau du lion sur le bras gauche et dans l'attitude de tirer de l'arc. Bronze italien du xvie siècle d'après l'antique. Haut., 35 cent.

44 — Statuette. — Gladiateur. Bronze italien du xve siècle d'après l'antique. Haut., 42 cent.

45 — Autruche debout. — Beau bronze italien du xvie siècle. Haut., 31 cent.

46 — Charmant petit groupe en bronze. — Amour monté sur un dauphin, les yeux bandés et tirant de l'arc. Ouvrage italien du xvi siècle. Haut., 15 cent.

47 — Encrier formé par une figure de triton tenant une coquille et monté sur un dauphin. Ce groupe repose sur une base hexagone à griffes de lion. Bronze italien du xvie siècle. Haut., 18 cent.

48 — Haut-relief de forme ovale en bronze. — Buste d'homme barbu et nu-tête tourné à droite. Il porte un costume brodé. Ouvrage italien du xvie siècle. Haut., 21 cent.; larg., 16 cent.

49 — Bas-relief rond. — La Mise au tombeau. Ouvrage italien de la fin du xve siècle. Diam., 19 cent.

50 — Bas-relief de forme carré long, représentant un sacrifice au dieu Pan. Composition de quantité de figures. xvie siècle. Larg., 50 cent.; haut., 21 cent.

— Bas-relief rond. — L'arche de Noë. Cadre en bronze doré, xvi° siècle. Diam., 20 cent.

— Bas-relief en bronze doré représentant le Christ mort descendu de la croix. Composition de quantité de personnages. Travail de la fin du xvi° siècle. Haut., 44 cent.; larg., 28 cent.

— Bas-relief doré. — Pieta. Travail italien, xvi° siècle. Haut., 17 cent.; larg., 12 cent.

— Bas-relief doré. — Médaillon rond représentant un paysage avec figures. Dans le bas se trouve un cartouche. xvi° siècle. Diam. 13 cent.

— Bas-relief en bronze. — La Vierge et l'Enfant Jésus. Dans un cadre en bois sculpté et doré du temps de Louis XIV. Haut., 25 cent.; larg., 19 cent.

— Bas-relief carré. — Le Jugement de Paris. Ouvrage italien de la fin du xv° siècle. Haut., 13 cent.; larg., 12 cent.

87 — Bas-relief rond représentant une bacchanale. Italie. xvi° siècle. Diam., 13 cent.

— Bas-relief rond. Satyres et bacchantes assistant à un festin au milieu d'un parc. Italie. xvi° siècle. Diam., 16 cent.

59 — Petite plaque carrée, représentant en bas relief un sacrifice. Ouvrage italien du xvi° siècle. Larg., 10 cent.; haut., 7 cent.

60 — Petite plaque carrée, présentant un sujet analogue. Larg., 9 cent.; haut., 7 cent.

61 — Buste d'homme barbu en haut relief. Ouvrage italien du xv° siècle. Diam., 8 cent.

62 — Crabe en bronze. Ouvrage italien.

63 — Médaillon rond en métal de cloche d'après Donatello. — Satyre et bacchante vus à mi-corps. Au bas, dans un cartouche on lit : NATURA, FOVET QUUM NECESSITAS URGET. Diam., 17 cent.

64 — Bas-relief carré en bronze. — La Flagellation. xviii° siècle.

65 — Bas-relief de forme carré long. — Centaure et satyre enlevant une nymphe. Bronze italien du xv° siècle.

66 — Petit buste de Minerve en bronze. Ouvrage du xvi° siècle d'après l'antique. Haut., 75 mill.

67 — Deux bustes d'évêques en haut relief. Bronze italien du xvi° siècle. Haut., 8 cent.; larg., 6 cent.

68 — Figurine de faune en bronze doré.

69 — Trois statuettes en bronze ; deux amours et un mime d'après l'antique.

70 — Bas-relief rond en bronze. Triomphe d'Amphitrite. Diam., 14 cent.

71 — Médaillon ovale en hauteur. La Charité, groupe de huit figures en bas relief.

72 — Bas-relief en bronze. — Judith mettant la tête d'Holopherne dans un sac.

Émaux

73 — Plaque carrée en cuivre champlevé et émaillé en couleurs sur fond doré. — Elle présente le sujet de la Crèche. Sur le premier plan, la Vierge est couchée sur un lit de parade. A droite, dans le haut, se trouve la figure de saint Joseph assis. Ouvrage du xii° siècle. Larg., 14 cent.

74 — Deux beaux médaillons ovales en hauteur et concaves, peints en émaux de couleurs et sur paillons, par Léonard Limousin (LL 1573). — Portraits en pied de Charles IX, roi de France, et d'Élisabeth d'Autriche, en riches costumes de l'époque. Haut., 26 cent.; larg., 18 cent.

75 — Plaque de forme carré-long en hauteur. — Peinture en grisaille sur fond noir rehaussée d'or; chairs teintées. Éducation de l'Enfant Jésus par sainte Anne et saint Joseph. Haut., 23 cent.; larg., 16 cent.

76 — Tableau de forme carré long en hauteur. — Sybille exécutée au repoussé et décorée en émaux de couleurs sur fond de paysage. Ouvrage de Léonard Limousin, XVI⁰ siècle. Haut., 35 cent.; larg., 20 cent.

77 — Médaillon rond. — Portrait du roi Henri IV, profil à gauche. Peinture en émaux de couleurs.

Objets variés

78 — Jolie miniature ronde sur vélin. — Portrait d'homme en costume et toque rouge portant les insignes de l'ordre de la Toison d'Or. XVI⁰ siècle.

79 — Miniature de forme carré long en hauteur, sur vélin. — Portrait en pied d'une jeune fille en riche costume Louis XIII. Au revers se trouve l'indication suivante : Charlotte Marguerite de Montmorency, princesse de Condé, sœur de Henri II duc de Montmorency, etc.

80 — Trois médaillons; portraits de femmes finement peint à l'huile, sur cuivre et sur toile.

81 — Garniture supérieure d'un fourreau de sabre, en fer ciselé à mascarons, figurines, cariatides et trophées d'armes en relief et enrichis de filets damasquinés en or, XVI⁰ siècle.

82 — Longue pince en fer, à ornements gravés sur fond doré. XVI⁰ siècle.

83 — Petite dague à pommeau et garde en acier damasquiné d'argent et lame striée et repercée à jour. XVIe siècle.

84 — Six médaillons ovales en hauteur, en étain, présentant en bas-relief des figures allégoriques avec inscriptions. XVIe siècle.

85 — Bas-relief en étain. — Henri IV monté sur un cheval au galop.

86 — Autre bas-relief en étain. Jésus et les apôtres.

87 — Médaillon rond en étain présentant en bas-relief une bacchanale d'enfants dans le style de François Flamand. XVIIe siècle. Diam., 19 cent.

88 — Bas-relief en plomb, couleur bronze, représentant un sujet de personnages et cavaliers. Haut., 52 cent.; larg., 38 cent.

89 — Triptyque en bronze doré. — Il offre sur la plaque centrale la figure de Dieu le Père et sur les volets des figures d'Évangélistes. Travail moderne dans le style du XIIIe siècle. Haut., 30 cent.; larg., 35 cent.

ANTIQUITÉS

Sculptures antiques en marbre

90 — Stèle funéraire, avec fronton triangulaire : homme
barbu, assis à gauche, posant la main droite sur l'épaule
d'un jeune homme, debout, qui donne une grappe de rai-
sin à un chien, devant une amphore cannelée; de l'autre
côté un jeune homme nu.

91 — Tête laurée d'un homme jeune, barbe naissante; pro-
bablement Adrien. Grandeur naturelle.

92 — Tête de femme.

93 — Corps de femme. Fragment.

94 — Aigle, les ailes éployées, la tête et une épaule refaites.

95 — Tête d'Aristide.

96 — Tête de Minerve casquée.

97 — Tête de Bacchus indien.

98 — Tête de faune couronnée de pampres, jaune antique.

99 — Tête de Bacchus.

100 — Tête de Jupiter indien en jaune antique, les yeux en marbre noir.

101 — Buste de Jupiter-Sérapis.

102 — Tête de Jupiter indien.

103 — Tête de Vénus, marbre pentélique, socle en bleu turquin.

104 — Tête grecque, cheveux tressés, natte autour de la tête (applique).

105 — Tête de panthère, le col entouré de lierre.

106 — Tête d'Hercule, le masque seulement.

107 — Tête de Bacchus jeune.

108 — Tête d'Apollon. — Tête de Diane diadémée.
Ces deux têtes étaient accolées.

109 — Stèle. Athlète se préparant au combat.

Ce monument vient de l'île de Délos.

110 — Lion sur une frise.

111 — Guerrier couché et partie d'un centaure. Fragment.

112 — Buste de femme couronnée de pampres.

113 — Vase funéraire, sculpture en relief; instruments de sacrifice.

114 — Diane chasseresse, jusqu'aux genoux. Manquent les bras, la tête est refaite.

115 — Urne cinéraire; enfant conduisant un char; il tient une couronne de la main droite; trois autres enfants portant des palmes; aux coins, mascarons.

Vases grecs en terre peinte

116 — Œnochoé. Deux en terre noire. 21 cent.

117 — Cratère. Femme tenant un long bâton, versant à boire à Bacchus, qui tient un cep de vigne. ℞ Femme debout tenant un bâton. 26 cent.

118 — Balsamère. Femme ailée, à ses pieds un vase. 16 cent.

119 — Œnochoé. Femme versant à boire à Bacchus, qui tient un sceptre et le canthare. 31 cent.

120 — Balsamère. Tête de femme; peinture blanche sur fond noir. 15 cent.

121 — Amphore. Deux cavaliers debout aux pieds de leurs chevaux. R̸ Un satyre et une bacchante. 19 cent.

122 — Deux balsamères cannelés, peinture noire, ornements en jaune. L'un 15 cent., l'autre 16.

123 — Urne à une anse. Deux monstres marins ailés se disputant un vase. 25 cent.

124 — Calpis. Femme ailée, entre deux jeunes gens, tenant chacun une lyre. Peinture rouge sur fond noir. 34 cent.

125 — Amphore à roues, quatre mascarons. Femme ailée, tenant deux torches allumées au-dessus d'un autel allumé. R̸ Homme debout appuyé sur un bâton. Peinture jaune sur fond noir. 33 cent.

126 — Amphore. Un Bacchus et une bacchante; le Bacchus tient le canthare. R̸ Jeune homme drapé, debout. Peinture rouge sur fond noir. 33 cent.

127 — Amphore à roues, quatre mascarons à tête de Méduse. Femme tenant un miroir, assise sur un chapiteau de colonne, dans un temple distyle; à côté, un jeune homme et une femme tenant un miroir. ℞ Deux personnages tenant un miroir auprès d'un cippe. 55 cent.

128 — Calpis. Trois personnages, dans un quadrige, sont précédés par un guerrier casqué tenant deux lances et un bouclier; en dessous, deux sangliers et une panthère; sur la frise, deux chèvres conduites par un guerrier qui est précédé par Minerve et suivi par Jupiter, Junon, Mercure. 47 cent.

129 — Calpis. Figure dans un char; au-dessus, une colombe volant; autour des chevaux, quatre personnages occupés à les brider; dessous, un chien. Sur la frise: Hercule étouffant Géryon, assisté de deux femmes debout et d'un homme assis. 47 cent.

130 — Amphore à anse tordue. Guerrier nu, casqué, avec un bouclier, tenant une patère; une femme, tenant un vase, verse un liquide dans cette patère. Un homme barbu appuyé sur un bâton. 45 cent.

131 — Amphore à roues. Quatre têtes de Méduse en relief sur les anses. Jeune homme nu, assis dans un temple distyle, tenant un flambeau allumé. ℞ Femme tenant un miroir et une ciste. Sur le col du vase, une tête de femme. 47 cent.

132 — Amphore à anses torses. Guerrier debout, tenant son bouclier et son casque, entre Bacchus, une femme et un homme chauve. ℞ Bacchant debout entre un jeune homme et une femme. Peinture rouge sur fond noir. 55 cent.

133 — Lecythus athénien. Au milieu, colonne funéraire; à droite, jeune fille vêtue d'une tunique talaire et d'un peplus; de sa main droite elle dépose une offrande sur le monument funèbre; sur sa gauche, le plat chargé d'offrandes; de l'autre côté, jeune homme coiffé du pileus, et vêtu d'une tunique courte et d'un petit manteau; deux javelots reposent contre son épaule gauche, et de ses deux mains il touche le monument funèbre. 25 cent.

134 — Lecythus athénien, à fond blanc. Au milieu, une colonne funéraire; à droite, un jeune homme vêtu d'une tunique courte et d'un manteau, la main gauche appuyée sur un javelot; à gauche, jeune fille vêtue d'une tunique talaire et d'un peplus rouge, qui de ses deux mains porte un plat chargé d'offrandes. 33 cent.

135 — Fragment d'une coupe. Tête de femme sortant d'un feuillage terminé par des guirlandes de feuilles et de fleurs, parmi lesquelles deux petits éros en relief; traces de dorure et de peinture polychrôme.

136 — Deux fragments de coupes à relief, semblables à la précédente.

137 — Vase funéraire. Au milieu de la panse, tête de Méduse

ailée, surmontée d'un enfant; sur la panse, deux têtes
ailées de femme, peintes en rouge et en bleu ; le vase est
surmonté de deux femmes assises et une debout. Hauteur
totale, 48 cent.

138 — Vase funéraire. Au milieu de la panse, tête de Méduse; sur les anses, deux femmes ailées ; sur le bord du
goulot, femme nue, assise, dont les pieds pendent à l'intérieur. Haut. totale, 50 cent.

139 — Coupe. A l'intérieur, Mars et Vénus ; à l'extérieur,
d'un côté, un cavalier entre une femme et trois jeunes
gens ; de l'autre côté, jeune homme tenant une phiale et
une œnochoé entre quatre hommes, dont l'un est assis et
l'autre tient un cheval par la bride ; figures rouges. 36 cent.

140 — Coupe. Intérieur : jeune homme tenant un bâton de la
main droite et un scyphus de la gauche ; inscription,
ΚΑΛΟΣ ΑΘΕΝΟΔΟΤΟΣ. Extérieur : de chaque côté, trois
jeunes gens qui dansent et boivent ; répétition de la même
inscriplion. Fig. roug. 22 cent.

141 — Coupe. Intérieur : tête de Méduse ; extérieur : de chaque côté, Bacchus barbu, entre deux grands yeux et
deux ménades. Fig. noires. 31 cent.

142 — Hydrie. Sur la panse cannelée, deux hommes et deux
femmes en relief. Sur le col, guirlande de lierre, rouge et
blanche. 43 cent.

143 — Coupe. A l'intérieur, satyre debout, tenant une lyre
de la main droite et un canthare de la main gauche. A
l'extérieur, jeune homme debout tenant une lyre, entre
deux hommes barbus debout; de l'autre côté, le même
jeune homme entre deux hommes assis. Figures rouges.
13 cent.

144 — Coupe. Intérieur : femme jouant des crotales; inscription, KAΛOϨ. A l'extérieur, de chaque côté, combat de
quatre guerriers. Fig. roug. 33 cent.

145 — Coupe. A l'intérieur, jeune homme debout, tenant
une lyre; à côté, une colonne. A l'extérieur, de chaque
côté, trois hommes couchés. Fig. roug. 22 cent.

146 — Coupe. Intérieur : tête de Méduse; extérieur : femme
jouant de la double flûte entre deux grands yeux; à l'extrémité, satyre et ménade; de l'autre côté, une femme
jouant des crotales entre deux grands yeux; à l'extrémité,
satyre et ménade. Fig. roug.; à l'extérieur, fig. noires.
27 cent.

147 — Coupe. Femme jouant des crotales; inscription, KA-
ΛOϨ. A l'extérieur, guerrier courant, suivi d'un quadrige
dans lequel monte un autre guerrier; de l'autre côté, un
jeune homme à cheval, un guerrier à pied, suivi d'un
jeune homme conduisant un cheval. Fig. roug. 32 cent.

148 — Coupe. Intérieur : un homme debout et une femme
assise sur un siége; extérieur : neuf personnages dans des

positions diverses; sur l'une des anses est l'inscription
HIERON ΕΠΟΕϟΕΝ. Fig. roug. 32 cent.

149 — Amphore à anses torses. Médée tuant ses enfants.
℞ Combat d'un jeune Grec contre une amazone. Fig. roug.
52 cent.

Rhytons et Vases de forme singulière

150 — Tête de satyre barbu, à grandes oreilles, peinte en noir;
sur le vase, un homme drapé pose le pied droit sur un
rocher; devant lui une plante. 15 cent.

151 — Double tête de Silène et de bacchante; sur la panse,
deux chouettes, chacune entre une branche d'olivier.
21 cent.

152 — Tête de Silène barbue. Sur le vase, femme assise. 19
cent.

153 — Tête de bélier sur piédouche; sur la panse, un génie. 20 cent.

154 — Une corne cannelée, avec une tête de serpent; percée.
23 cent.

155 — Corne cannelée dans la longueur. Tête de bélier; sur
le vase, un génie assis. 23 cent.

156 — Vieux Silène assis, jouant de la flûte de Pan. 12 cent.

157 — Silène couché sur une outre, tenant de la main gauche un vase. 21 cent.

158 — Silène demi-couché, tenant un vase et un canthare. 16 cent.

159 — Deux têtes de femmes de face; sur le vase, deux têtes de femmes peintes en jaune sur fond brun. 23 cent.

160 — Tête de satyre barbu; le col du vase, forme de trèfle, bordé d'un ornement d'oves. 22 cent.

161 — Tête de femme; sur la panse, génie assis.

162 — Buste de femme voilée; le voile descend du sommet de la tête. 18 cent.

163 — Tête masquée; vase forme de trèfle. 17 cent.

164 — Tête de mulet bridé; sur la panse, femme assise. 21 cent.

165 — Tête de biche; sur la panse, génie ailé volant, portant une couronne. 21 cent.

166 — Tête de sanglier; sur la panse, héros près d'un cippe (peut-être Oreste). 20 cent.

167. — Tête de cerf; sur la panse, jeune bacchant. 19 cent.

168 — Tête d'aigle. 10 cent.

169 — Petite tête de nègre. 8 cent.

170 — Tête de femme, peinture blanche, boucles d'oreilles. 6 cent.

171 — Tête de griffon; sur la panse, femme assise. 20 cent.

172 — Tête de chien ou de loup; sur la panse, génie assis. 14 cent.

173 — Tête de veau; sur la panse, un jeune bacchant. 17 cent.

174 — Tête de chien; sur la panse, femme sacrifiant près d'un autel. 15 cent.

175 — Tête de bélier; sur la panse, un faune et une bacchante. 24 cent.

176 — Partie antérieure d'un cheval; sur la panse, une tête virile. 20 cent.

177 — Tête de veau; sur la panse, Hercule, sa massue sur l'épaule. 17 cent.

178 — Tête de sanglier. 10 cent.

179 — Tête de veau ; sur la panse, une tête d'homme en relief. 17 cent.

180 — Tête de tigre ; sur la panse, une fleur, peinture blanche.
13 cent.

181 — Tête de bélier peinte, la tête en rose, les cornes en
blanc, les oreilles en noir. Sur le vase, Méléagre combattant le sanglier ; derrière, un second chasseur. 14 cent.

182 — Tête de veau ; sur la panse, bacchante. 22 cent.

183 — Tête de chien ou de renard. 5 cent.

184 — Tête d'agneau ; sur la panse du vase, bacchante assise.
18 cent.

185 — Tête de porc ; sur la panse, tête de femme. 17 cent.

186 — Figure de femme s'élevant de la base ; sur la tête, une
lampe. 22 cent.

187 — Génie d'Hercule couvert d'une peau de lion, sur une
base circulaire. 16 cent.

188 — Génie debout sur une base ; il porte sur la tête une
lampe. 16 cent.

189 — Génie portant une lampe, sur une base carrée ; tête en
relief sur la base. 17 cent.

190 — Génie ailé sur une base et portant une lampe. 20 cent.

191 — Tête masquée. 11 cent.

192 — Tête masquée ; vase forme de trèfle. 15 cent.

193 — Vieux Silène buvant d'une outre qu'il presse entre ses jambes. 9 cent.

194 — Tête masquée. 8 cent.

195 — Une main de jeune homme tenant un petit vase. 10 cent.

196 — Tête de femme, d'un beau style grec; vase en forme de trèfle.

197 — Tête masquée, les cheveux peints en rouge. 13 cent.

198 — Tête de femme. 14 cent.

199 — Tête de femme. 15 cent.

200 — Tête de femme ornée d'une guirlande. 15 cent. 1/2.

201 — Tête de femme, bandeau sur le front. 19 cent.

202 — Tête de femme, sans ornement. 15 cent. 1/2.

203 — Tête de femme, bandeau sur le front. 17 cent.

204 — Tête de femme, bandeau sur le front. 15 cent.

205 — Tête de femme, sans bandeau. 10 cent.

206 — Jeune homme assis, tenant un lièvre dans ses bras.
21 cent.

207 — Tête de femme, peinture blanche. 25 cent.

208 — Tête de guerrier, coiffée du casque grec. 5 cent. 1/2.

209 — Tête de veau, posée sur un piédouche. 13 cent.

210 — Enfant sur un cochon. 12 cent.

211 — Tête de femme, trois fleurs dans les cheveux, 9 cent.

212 — Enfant assis, tenant un serpent de la main droite.
13 cent.

213 — Tête de femme. 13 cent.

214 — Tête de femme, avec boucles d'oreilles et guirlande
dans les cheveux. 14 cent.

215 — Buste de femme, les cheveux relevés. 17 cent.

216 — Tête de femme. 16 cent.

217 — Tête de femme, ornée de fruits et de feuilles. 16 cent.

218 — Tête de femme, ornée de fruits et de feuilles. 18 cent.

219 — Hermès à deux têtes de femme, les cheveux peints en rouge. 14 cent. 1/2.

220 — Tête de femme, un collier autour du cou. 15 cent.

221 — Bacchus enfant, assis sous une treille, tient un vase de la main droite, de la gauche une corne d'abondance.

222 — Chèvre couchée. 9 cent.

223 — Bélier couché. 12 cent.

224 — Vase forme d'amande, à deux anses. 15 cent.

225 — Pied chaussé de sandale, peinture noire ; 11 cent.

226 — Pied humain, chaussé d'une sandale, reste de peinture bleue. 13 cent.

227 — Un lapin, les yeux en pâte de verre. 12 cent.

228 — Une colombe. 9 cent. 1/2.

229 — Une tortue. 11 cent.

230 — Casque de gladiateur, surmonté d'une tête d'aigle, lampe en terre cuite. 8 cent.

231 — Tête de bélier. 8 cent.

232 — Tête de cygne. 8 cent.

233 — Tête de serpent. 10 cent.

234 — Tête de biche. 9 cent.

235 — Jambe votive, brodequin peint en rouge. 20 cent.

236 — Jambe votive, un serpent au-dessus du brodequin. 14 cent.

237 — Dauphin sur les flots. 18 cent.

238 — Grenouille. 11 cent.

239 — Tortue. 15 cent.

240 — Vase noir, jeune homme qu'une main tire par les cheveux. 4 cent. 1/2.

241 — Vase noir. Tête face barbue en relief. 5 cent.

242 — Forme de barque, guerrier en bas relief. 13 cent.

243 — Patte de crabe. 13 cent.

244 — Coquillage. 13 cent.

245 — Jeune homme et un chien. 8 cent.

246 — Tête de bélier, le front peint en rouge; sur la panse, couronne de lierre. 23 cent.

247 — Tête de génisse; sur la panse, quatre femmes dont une ailée. 15 cent.

248 — Tête de bélier, terre cuite. 21 cent.

249 — Tête de sanglier; sur la panse, hermaphrodite. 18 cent.

250 — Tête de griffon; sur la panse, tête de femme. 17 cent.

251 — Tête de jeune homme, peinture rose. 29 cent.

252 — Tête de bœuf; sur la panse, femme assise. 19 cent.

253 — Tête de mulet, terre cuite. 23 cent.

254 — Tête de génisse, terre cuite. 18 cent.

255 — Enfant assis, tenant une oie sur son dos. 16 cent.

256 — Jeune homme nu assis, tenant une biche. 10 cent.

257 — Chien portant une cloche à son cou. 8 cent.

258 — Tête de femme supportant un vase. 13 cent.

259 — Lapin, peinture jaune et noire. 15 cent.

260 — Canard, une couronne de lierre au cou. 22 cent.

261 — Tête de satyre. Guttus. 12 cent.

262 — Tête de femme avec deux grandes ailes. 19 cent.

263 — Nègre accroupi, les bras croisés, une bulle au cou.
21 cent.

264 — Guttus. Tête de vieillard de face. 10 cent.

265 — Guttus. Femme immolant un taureau. 8 cent.

266 — Guttus. Chien couché, haut relief. 8 cent.

267 — Tête de nègre. Lampe noire. 15 cent.

Bronzes antiques

268 — Buste de faune. Poids. 9 cent.

269 — Apollon, son carquois derrière le dos, tenant une patère. 9 cent.

270 — Mercure assis, tenant la bourse ; les pieds manquent. 14
cent.

271 — Coupe fragmentée, avec mascarons. 12 cent.

272 — Mars nu, coiffé d'un casque.

273 — Bras ployé, la main ouverte ; incrustation d'argent.
12 cent.

274 — Apollon debout, une grenade dans la main gauche,
coiffé du pschent (égyptien). 25 cent.

275 — Tête de Jupiter. Applique. 17 cent.

276 — Coq. Applique. 5 cent.

277 — Vénus anadyomène, drapée jusqu'à la ceinture, tient
ses cheveux dans la main droite, un miroir dans la main
gauche. 13 cent.

278 — Bouc regardant à gauche. Manque la jambe gauche de derrière. 4 cent.

279 — Buste d'Hyménée ailé. Plaque ronde avec bélière, incrustée dans un socle en marbre jaune. 12 cent.

280 — Pied de ciste. Sphynx assis. 20 cent.

281 — Miroir. Lutte d'Atalante et de Pelée. 13 cent 1/2.
Gravure refaite ainsi que les inscriptions.

282 — Petit vase plaqué d'argent. Première frise : Combat de gladiateurs; deuxième frise : Combat d'animaux féroces.

283 — Apollon, tête radiée, debout. 35 cent.

284 — Poids de romaine. Buste de jeune homme, les yeux incrustés d'argent; bande d'argent passant sur l'épaule droite. 7 cent.

285 — Minerve debout, casquée; tête de Méduse sur la poitrine. 20 cent. 1/2.

286 — Danseuse drapée, coiffée d'un casque, les bras élevés. 11 cent.

287 — Lampe. 13 cent.

288 — Miroir étrusque. Bacchus, Ariadne et Éros. 16 cent.

289 — Hercule jeune couronné, un vase dans la main droite. 13 cent.

290 — Amour sur un dauphin. Applique. 8 cent.

291 — Lampe. Corbeau, collier au cou. 7 cent.

292 — Petite lampe à deux becs. 14 cent.

293 — Anse de vase, deux chevaux et tête de lion, style étrusque. 17 cent.

294 — Anse de vase. Tête de face, tête de profil et attributs divers. 19 cent.

295 — Minerve assise, casque surmonté d'un griffon; elle tient une patère de la main droite. 10 cent.

296 — Petit cheval, la jambe droite levée sur un socle carré (ancien style). 6 cent. 1/2.

297 — Lièvre appuyé sur les pattes de devant. 4 cent.

298 — Mars nu, grand casque sur la tête, la main droite levée sans patine. 18 cent.

299 — Miroir étrusque. Apollon assis, tenant sa lyre sur ses genoux; Minerve derrière lui, avec son bouclier et l'égide; au-dessus, la chouette. 15 cent. 1/2.

300 — Taureau; manquent les jambes. 6 cent. 1/2.

301 — Taureau couché, formant l'extrémité d'un manche. 8 cent.

302 — Petite tête de sanglier, bouton de ceinture.

303 — Petit lion couché. 3 cent.

304 — Coq. 3 cent.

305 — Petite panthère debout. 3 cent.

306 — Cheval au galop (fibule). 6 cent.

307 — Tête de panthère, la gueule ouverte. 5 cent.

308 — Tête de sanglier. 5 cent.

309 — Avant-corps d'un bélier, terminé par une corne d'abondance.

310 — Chat debout.

311 — Tête de bouc. Rhyton. 3 cent.

312 — Rat mangeant un gâteau. 4 cent.

313 — Sphinx assis manque une aile ; 8 cent. 1/2.

314 — Enseigne militaire. Sanglier; manque le bas des pattes. 15 cent.

315 — Bélier; deux jambes sont refaites. 20 cent.

316 — Épervier (égyptien). 17 cent.

317 — Un chat (égyptien). 17 cent.

318 — Éphèbe nu, debout, un anneau sur la tête. 13 cent.

319 — Fortune assise, tenant un gouvernail, la fleur du lotus sur la tête. 14 cent.

320 — Génie ailé assis, collier autour du cou. 8 cent

321 — Tête de fleuve. Applique. 2 cent.

322 — Tête de femme. Demi-ronde bosse.

323 — Tête de femme, ancien style. Agrafe. 3 cent.

324 — Masque scénique couronné de fleurs. 5 cent. 1/2.

325 — Tête d'Hercule, coiffée de la peau du lion, les yeux en argent.

326 — Tête de Méduse. Applique. La patine est moderne.

327 — Poids de romaine. Tête de nègre. Vase. 5 cent. 1/2.

328 — Buste de Silène. 6 cent.

329 — Poids de romaine. Tête casquée, un anneau sur la tête. 8 cent.

330 — Buste de Minerve casquée, posé sur des fruits. 10 cent.

331 — Anse de vase. Homme courbé en arrière. 7 cent. et demi.

332 — Bas-relief, applique. Deux bœufs. 8 cent.

333 — Couvercle de miroir étrusque en relief. Oreste poursuivi par les furies. 12 cent.

334 — Miroir gravé. Thétis sur un cheval marin. 11 cent. et demi.

335 — Candélabre. Femme les bras élevés sur la tête, le corps terminé par deux queues de poisson. 31 cent.

336 — Candélabre. Tige cannelée en spirale ; belette poursuivant un coq. 45 cent.

337 — Éros portant une draperie sur le bras. 6 cent.

338 — Amour sur un dauphin. 7 cent.

339 — Amour sur un dauphin. 3 cent.

340 — Petit faune assis, le bras droit en l'air, une outre sur l'épaule gauche. 5 cent. et demi.

341 — Petit camille debout, rhyton dans la main gauche. 6 cent.

342 — Guerrier casqué, un glaive sous le bras gauche. 8 cent.

343 — Sauteur se tenant sur les mains, les jambes en l'air. 9 cent.

344 — Victoire ailée; manque une aile. 9 cent.

345 — Vénus diadémée, tenant sa chevelure de la main gauche. 11 cent.

346 — Vénus nue, sans bras. 12 cent.

347 — Les trois Grâces, groupe. 8 cent.

348 — Télesphore. 7 cent. et demi.

349 — Diane sans attributs. 8 cent. et demi.

350 — Femme assise, la figure et le siége sont d'une **seule** partie. 9 cent.

351 — Mercure, le caducée dans la main gauche. 8 cent.

352 — Camille, un rhyton à la main. 12 cent.

353 — Socrate buvant la ciguë. Applique. 13 cent.

354 — Phtha, bronze égyptien. 27 cent.

355 — Minerve casquée, debout, le bras droit élevé. **20 cent.**

356 — Fragment de femme drapée.

357 — Vénus nue, debout. 12 cent.

358 — Jeune homme debout, vêtu d'une double **tunique,** couvert du manteau, bandeau sur la tête, le **bras droit en** avant. 15 cent. et demi.

359 — Femme drapée, diadémée, debout, le bras droit **en** avant. 11 cent. 1/2.

360 — Diane courant; elle porte la main droite à **son** car-quois. 12 cent.

361 — Hercule debout; la massue au-dessus de l'épaule droite; style étrusque. 17 cent.

362 — Vénus nue, debout, descendant au bain; deux petits génies ailés la précèdent. Trouvé en Syrie. 24 cent.

363 — Hercule debout, le bras en avant, la massue dans la main gauche, la peau de lion sur l'épaule. 22 cent.

364 — Torse sans bras ni jambes, trouvé en Dalmatie. Bacchus jeune, couronné de pampres, lierre sur le front, bandeau incrusté d'argent. 59 cent.

365 — Jupiter-Sérapis assis, couvert du pallium, la main gauche levée. Travail alexandrin. 12 cent.

366 — Anse de vase terminée par une tête de face. 13 cent.

367 — Mercure debout, les ailes aux pieds. Manque un bras. 13 cent.

368 — Vénus à demi drapée, tenant sa chevelure avec la main droite. 18 cent.

Terres cuites antiques

369 — Femme âgée, peut-être Hécube, assise, un peplus sur les épaules, le bras droit nu, en avant, sur son genou. 14 cent. 1/2.

370 — Apollon, tenant la lyre dans le bras gauche, le corps

nu par devant, un manteau sur les épaules. (De fouillés
faites en Syrie, par M. Peretié.) 26 cent.

371 — Femme debout, drapée et serrée dans son peplus, la
tête penchée en avant. 21 cent.

372 — Femme drapée, peut-être Ariadne, assise sur des rochers, la tête inclinée à droite. 25 cent. 1/2.

373 — Femme drapée, couronnée de fleurs, portant un petit
alabastron. 36 cent.

374 — Enfant dans l'action de sauter; ce pourrait être un
joueur de ballon. 43 cent.

375 — Venus nue, debout, les jambes croisées. 33 cent.

376 — Vase, forme de gourde, orné d'une tête de Méduse.
13 cent.

377 — Éros ou génie dans l'action de voler. Sur la tête, une
couronne de fleurs dont les bouts retombent sur les épaules ;
un collier se croise sur sa poitrine ; bottines peintes en
noir. 30 cent.

378 — Junon ou Vénus, diadémée, vêtue d'une double tunique, se penchant vers la droite, le bras droit levé.
37 cent.

379 — Bustes e Psyché et l'Amour s'embrassant. 23 cent.

380 — Femme assise, les bras sous son peplus; style archaïque. 11 cent. 1/2.

381 — Diane chasseresse, debout, vêtue d'une tunique courte et chaussée de bottines, portant la main droite à son carquois. 24 cent.

382 — Femme assise, allaitant un enfant; peut-être Junon et le petit Mars. 22 cent. 1/2.

383 — Bacchante debout, la tête un peu penchée en avant. Elle est ceinte, par-dessus sa tunique talaire, d'une peau de panthère dont les pattes pendent par devant. 23 cent.

384 — Acteur debout, relevant son manteau de la main droite près du col, la main gauche sur la hanche. 11 cent. 1/2.

385 — Buste de Cérès couronnée du modius. 48 cent.

386 — Acteur à tête de pourceau, vêtu d'une tunique longue à manches, et jouant du tympanum. 12 cent. 1/2.

387 — Femme debout, tenant un enfant dans ses bras, la tête couverte de son peplus. Draperie colorée en rose. 18 cent.

388 — Femme debout, drapée, le bras droit derrière le dos, le gauche soutenant son peplus sur la hanche. 19 cent. 1/2.

389 — Bacchante vêtue d'une tunique talaire et d'un peplus; les bras élevés. 18 cent. 1/2.

390 — Enfant couché dans un berceau. 11 cent. sur 4.

391 — Diane chasseresse, debout, la main droite sur la hanche, un flambeau sur le bras gauche. Un chien est à ses pieds. 16 cent. 1/2.

392 — Hébé debout, drapée, une œnoché dans la main droite et une coupe dans la main gauche. 21 cent.

393 — Groupe de deux femmes debout et drapées, serrées l'une contre l'autre, peut-être Électre et Chrysothémis. Fragment. 14 cent.

394 — Femme debout, nue jusqu'à la ceinture, le bras gauche appuyé sur un cippe élevé. 13 cent.

395 — Proserpine debout, nue par devant, le peplus rejeté sur le dos, tenant une grenade dans la main droite. 20 cent.

396 — Têtes grotesques.

397 — Jeune satyre nu, debout, une peau de panthère sur les épaules, les jambes croisées, des bottines aux pieds, les bras écartés et la tête levée en l'air. 23 cent.

398 — Acteur barbu, portant la main droite à son menton.
12 cent. 1/2.

399 — Léda ou Pénélope, donnant de la main droite à manger
à un cygne. 18 cent.

400 — Jeune danseuse entièrement nue, debout sur la pointe
des pieds, les bras écartés. 13 cent.

401 — Rome assise, les jambes croisées, un casque sur la tête.
15 cent.

402 — Jeune femme debout, vêtue d'une double tunique, la
main droite appuyée sur la hanche, la poitrine et le bras
droit nus. 16 cent.

403 — Éros debout, les ailes éployées, une patère dans la main
droite. Traces de dorure. 15 cent. 1/2.

404 — Thétis assise sur un triton. 20 cent.

405 — Femme debout, peut-être Vénus, nue jusqu'à la ceinture, penchée vers la droite, les bras en avant, le pied
gauche posé sur un cippe. 19 cent. 1/2.

406 — Éros debout, les ailes éployées, portant la main à la
tête, le bras gauche élevé. Traces de dorure. 15 cent. 1/2.

407 — Femme nue jusqu'à la ceinture, appuyée contre un
cippe, couronnée de pampres, les cheveux colorés en
rouge. 26 cent.

408 — Poupée grotesque, jambes mobiles. 12 cent.

409 — Femme drapée, couronnée de fleurs, les deux mains cachées sous son peplus, qu'elle soulève légèrement de la main droite. Base ovale. 20 cent.

410 — Diane debout, vêtue d'une tunique courte. Poupée à tête, bras et jambes mobiles. 28 cent.

411 — Pâris assis sur un rocher; il est coiffé du bonnet phrygien et vêtu d'une tunique courte; dans sa main droite, la pomme. 21 cent. 1/2.

412 — Europe enlevée par le taureau; fragment. 19 cent. 1/2.

413 — Homme debout, peut-être un écuyer du cirque, une calotte sur la tête, vêtu d'une double tunique; fragment. 20 cent.

414 — Vénus diadémée, le bras droit élevé; elle est vêtue d'une double tunique. 37 cent.

415 — Femme drapée, le bras droit nu, appuyé sur la hanche, le pied droit un peu en arrière. 37 cent. 1/2.

416 — Vénus nue, debout, les jambes croisées; une draperie partant de l'épaule gauche recouvre la jambe droite; elle a le bras droit étendu en avant. 33 cent.

417 — Femme drapée, les cheveux relevés, couronnée de fleurs; elle tient un alabastron des deux mains. 36 cent.

418 — Femme assise, remettant sa chaussure, l'épaule droite et le sein nus; manque la main droite. 30 cent.

419 — Génie funèbre, bandeau sur la tête, collier; dans l'attitude de voler.

420 — Vénus les bras élevés, appuyée contre un cippe. 28 cent.

421 — Vénus les bras élevés, appuyée contre un cippe. 28 cent.

422 — Femme assise sur des rochers, la tête penchée à droite, les cheveux pendant sur le cou. 25 cent. 1/2.

423 — Femme assise et penchée, remettant sa chaussure de la main droite; fragmentée. 23 cent.

424 — Éros ailé, sur un cheval en marche.

425 — Danseuse très-penchée en arrière. 23 cent.

426 — Femme assise tenant un enfant emmaillotté sur ses genoux, draperie peinte en rose. 17 cent. 1/2.

427 — Vénus nue assise, coiffée du modius; peinture rose sur les épaules, les genoux et les bras. 18 cent.

428 — Muse drapée, le bras droit sur le ventre, l'autre le long de la cuisse. 30 cent.

429 — Vénus, une couronne murale sur la tête, une colombe sur le bras gauche.

430 — Fèmme drapée, la tète penchée en arrière, relevant ses vêtements près du cou. 20 cent.

431 — Femme drapée, la main droite sur la poitrine, la gauche sur la hanche, pied gauche en arrière. 27 cent.

432 — Femme diadémée, la main droite sur la hanche. 29 cent.

433 — Muse couronnée de fleurs, le bras droit élevé et appuyé sur un cippe. 26 cent. 1/2.

434 — Femme drapée, coiffure à côtes, la tête penchée à gauche, le bras gauche relevant une partie du peplus. 25 cent.

435 — Femme drapée, la tête relevée portant une partie de son vêtement en avant, le pied droit en arrière. 24 cent.

436 — Femme drapée ; son peplus recouvre sa tête ; elle soulève son vêtement de la main gauche. 17 cent. 1/2.

437 — Femme drapée, couronnée de fleurs, la main droite derrière le dos. 14 cent. 1/2.

438 — Femme drapée, relevant son peplus près du col, de la main gauche, la tête penchée à gauche. 19 cent.

439 — Enfant sur un cheval. 12 cent.

440 — Femme jeune, debout, jouant de la double flûte. 13 cent. 1/2.

441 — Homme couché sur un tombeau. 15 cent.

442 — Victoire ailée, couronnée de fleurs et de fruits, sur une base en pente à droite. 20 cent.

443 — Victoire ailée, couronnée de fleurs et de fruits; base en pente à gauche. 18 cent.

444 — Éros debout, le bras droit appuyé contre un cippe, une draperie sur le dos. 13 cent.

445 — Femme diadémée, assise, les mains sur les genoux. 20 cent.

446 — Cérès nue jusqu'à la ceinture, portant un petit cochon dans la main. 24 cent.

447 — Éros les ailes éployées; un petit chien le tire par son manteau. 18 cent.

448 — Danseuse la tête tournée; large vêtement.

449 — Buste de·Minerve casquée, l'égide sur la poitrine (travail grec). 12 cent.

450 — Deux petites danseuses accolées, coiffées du modius, et tenant des crotales dans les mains.

451 — Amazone à cheval, bouclier au bras gauche. 16 cent.

452 — Groupe de deux petites femmes drapées, pressées l'une contre l'autre. 14 cent.

453 — Femme assise, voilée sur la tête, allaitant un enfant (fracturée). 16 cent.

454 — Femme drapée, le bras droit derrière le dos ; terre rouge grossière. 17 cent.

455 — Bacchante couronnée de lierre, peplus ouvert sur la poitrine. 25 cent.

456 — Danseuse le bras gauche élevé, la tête penchée en arrière. Fragmentée. 21 cent.

457 — Danseuse, vêtue d'une double tunique, le bras droit élevé, fragmenté. 24 cent.

458 — Enfant sur un paon ; derrière, inscription grecque.

459 — Femme couronnée de pampres : poupée ; manquent les bras et les jambes, qui s'attachaient au tronc. 12 cent. et demi.

0 — Deux prêtresses portant des offrandes. 39 cent.

461 — Sacrificateur tenant un taureau ; quatre personnages. Bas-relief. 29 cent.

462 — Jugement de Paris (bas relief). 30 cent.

463 — Jeune et vieux satyres faisant la vendange ; peinture rouge (bas relief). 28 cent.

464 — Jeune et vieux satyres faisant la vendange (bas relief sur lequel est empreinte la patte d'un chien). 28 cent.

465 — Deux satyres se tenant à un cercle, chacun de leur côté, pour fouler la vendange. 30 cent.

466 — Tête de buffle, cornes en spirale, tête bridée. 24 cent.

467 — Tête de griffon. 22 cent.

468 — Tête de lion. 20 cent.

469 — Tête de chien étrusque (gargouille). 20 cent.

470 — Sphinx accroupi. — Atys jouant de la flûte de Pan

471 — Enfant sur un chien. 10 cent.

472 — Enfant monté sur un cochon; jouet, boule dans l'intérieur. 11 cent.

473 — Sirène accroupie. 10 cent.

474 — Femme debout, vêtue d'une double tunique, amphore dans la main gauche. 11 cent.

475 — Femme drapée, couronnée, la main droite sur la poitrine, en dessous du peplus. 22 cent. et demi.

476 — Femme sur un siége, coiffée du modius (ancien style). 17 cent.

477 — Femme couronnée de fleurs, la jambe droite sur la gauche, le cou très-long. 19 cent.

478 — Femme avec des boucles d'oreilles, la main droite appuyée sur un cippe. 22 cent. et demi.

479 — Jeune homme vêtu d'une tunique courte, le bras gauche en avant, le droit sur la poitrine. 19 cent.

480 — Femme couronnée, la tête penchée en avant; elle relève son peplus de la main gauche, la main droite pendant sur la cuisse. 24 cent.

481 — Femme nue jusqu'à la ceinture, les bras élevés (fragmentée). 19 cent.

482 — Femme drapée, portant sur la tête un vase, qu'elle soutient de la main droite. Reste de couleur rose sur le vêtement. 19 cent.

483 — Jeune satyre ithyphallique, tenant une outre sur son dos de la main gauche. 15 cent.

484 — Éros debout, les bras écartés, les ailes éployées, couronné de fleurs. 9 cent.

485 — Acteur ou sénateur (grotesque), le bras droit appuyé sur la poitrine, l'index élevé. 17 cent.

486 — Vainqueur cuirassé, portant une grande palme de la main gauche. 15 cent.

487 — Femme nue assise, coiffure très-élevée, les bras en avant. 18 cent.

488 — Femme nue jusqu'à la ceinture, les cheveux tombant sur les épaules, la main gauche appuyée sur un cippe. 34 cent.

489 — Apollon appuyé contre un cippe orné d'une couronne. 32 cent.

490 — Éros, les ailes éployées, monté sur une chèvre. 13 cent.

491 — Enfant sur un coq. 13 cent. et demi.

492 — Victoire casquée, portant un trophée d'armes, un bouclier au bras gauche. 19 cent.

493 — Jeune femme jouant du tympanum. 16 cent.

494 — Femme drapée (manque un bras); formant un petit vase. 39 cent.

495 — Jeune homme debout, portant un vase à une anse. 16 cent.

496 — Enfant sur une oie. 15 cent.

497 — Enfant caressant un chien. 11 cent.

498 — Homme assis, grotesque. 12 cent.

499 — Enfant assis par terre, tenant un chien sous le bras gauche. 12 cent.

500 — Danseuse à ample vêtement, le pied gauche en avant, la tête penchée à droite. 21 cent. et demi.

501 — Victimaire, une coupe dans la main gauche, tenant une chèvre par les cornes.

502 — Vénus sortant de la coquille, sans base.

503 — Diane debout, les jambes croisées, appuyée contre un cippe; elle a le carquois sur le dos. 23 cent.

504 — Éros, les jambes croisées, appuyé contre un cippe (la base et quelques parties sont modernes). 17 cent. et demi.

505 — Hercule enfant étouffant les serpents. 10 cent.

506 — Jeune homme debout, jouant de la double flûte, un chien près de lui. 17 cent.

507 — Cérès tenant le flambeau du bras gauche. 19 cent.

508 — Cérès tenant le flambeau du bras droit. 21 cent.

509 — Silène accroupi, une outre entre les jambes. 7 cent.

510 — Figure dans un bige; bas-relief. 15 cent.

511 — Femme avec une couronne, enveloppée dans un long vêtement; le bras droit appuyé sur un cippe. 20 cent.

512 — Tête de femme diadémée. 11 cent.

513 — Jeune enfant voilé, relevant son vêtement. 12 cent.

514 — Femme nue, debout, une couronne sur la tête. **22 cent.**

515 — Femme avec une couronne de fleurs, demi-nue, le bras droit appuyé sur un cippe, le gauche sur sa hanche. **23 cent.**

516 —. Vénus nue, assise, sans bras ni jambes. **15 c.**

517 — Éros couché, formant vase. **10 cent.**

518 — Femme les cheveux ondulés, enveloppée dans un long vêtement, le bras gauche derrière le dos. **22 cent.**

519 — Éros nu, debout; manque une aile. **15 cent.**

520 — Femme voilée, debout. **27 cent.**

521 — Femme debout enveloppée dans un long vêtement.

522 — Hercule nu, couché sur une peau de lion; il tient sa massue et une coupe; peinture rose. **15 cent.**

523 — Femme drapée, avec des boucles d'oreilles. **19 cent.**

524 — Actéon dévoré par ses chiens; Diane avec son arc. Bas-relief. **21 cent.**

525 — Tête de femme diadémée, de face. **21 cent.**

526 — Tête de Cybèle. 17 c.

527 — Masque d'un Silène. 12 c.

528 — Masque d'un faune. 12 c.

529 — Masque d'une bacchante. 10 c.

530 — Bacchante demi-nue, appuyée sur un cippe. 30 c.

531 — Femme drapée et couronnée de fleurs, debout sur une base. 28 c.

532 — Vénus nue à genoux, tenant une coquille. 17 c.

533 — Tête de jeune fille. 10 c.

534 — Hippocampe. 14 c.

535 — Femme drapée couronnée; son peplus laisse à découvert le sein et le bras droit (fragment). 31 c.

536 — Femme vêtue du peplus, le sein découvert. 22 c.

537 — Masque scénique à long cheveux tressés. 14 c.

538 — Vase forme de gourde, de chaque côté une tête de Méduse. 13 c.

539 — Buste de femme à longs cheveux ; elle relève son vêtement avec son bras droit.

540 — Femme les jambes nues, les bras étendus en avant.
10 cent.

541 — Femme assise, allaitant deux enfants. 18 c.

542 — Femme à mi-corps, enveloppée dans son vêtement
(fragment). 13 c.

543 — Vase forme de gourde, de chaque côté une tête de Silène. 12 c.

544 — Tête de femme, cheveux séparés par le milieu, boucles
d'oreilles. 13 c.

545 — Masque scénique. 20 c.

546 — Femme debout, la main gauche sur la hanche, l'autre
tenant son peplus. 22 c.

547 — Fond de coupe : femme nue et satyre ; peinture rose.
8 cent.

548 — Tête de nègre à oreilles de faune. 8 c.

549 — Chien étrusque couché. Vase à une anse. 14 c.

550 — Amour sur un dauphin. 17 c.

551 — Cheval au galop, ronde bosse. 23 c.

552 — Petit cheval. 12 c.

553 — Cheval debout, rosace sur le poitrail. 12 c.

554 — Avant-corps de cheval, pour placer sur la panse des vases funèbres. 12 c.

555 — Bélier. 11 c.

556 — Chien dévorant une proie. 11 c.

557 — Avant-corps de cheval. 12 c.

558 — Colombe. 18 c.

559 — Terre cuite. Cochon, forme exagérée (guttus). 7 c.

560 — Cochon, forme peu arrêtée. 7 c.

561 — Enfant couché sur un cochon (jouet, boule dans l'inté-rieur). 11 c.

562 — Colombe sur une base ronde. 10 c.

563 — Une souris. 3 c.

564 — Une tortue. 3 c.

565 — Un cochon. 7 c.

566 — Soixante têtes diverses d'hommes et de femmes, quelques-unes très-belles. (Ce lot sera divisé.)

Peinture murale

567 — Femme debout, vêtue d'un manteau qui laisse le haut du corps entièrement nu, la main droite levée et un sistre dans la main gauche. 25 cent.

568 — Buste de jeune satyre, la tête ornée d'une guirlande, un pedum contre le bras droit, sa main gauche tient un canthare qu'il porte à ses lèvres. 25 cent.

569 — Jeune homme nu avec une chlamyde rouge tombant derrière, tenant une baguette dans sa main droite et une couronne dans la gauche. Inscription ΜΥDΤΙΛΟΣ. Fragment. 23 cent.

570 — Une bacchanale composée de douze personnages, hommes et femmes. Peinture polychrôme. Fragment. 65 cent.

Ivoires antiques

571 — Sacrifice à Éros; quatre femmes dans un costume archaïque d'un travail assez récent.

572 — Fragment dans un encadrement de palmettes.

573 — Vénus nue, portant la main à sa poitrine (fragment exfolié).

574 — Tête de femme coiffée de bandelettes, tresses pendantes.

575 — Petit satyre portant une lyre (fragment).

576 — Fragment d'homme la tête penchée.

577 — Terme.

578 — Gladiateur casqué avec son bouclier (couteau avec sa lame).

579-580 — Tête d'Hercule (os).

581 — Tête de mulet.

582 — Buste d'homme portant la main sur sa tête.

583 — Ciste, scènes pastorales.

584 — Bas d'un diptyque consulaire représentant des jeux.

Verres antiques

586 — Sphinx assis (plaque carrée).

587 — Mascaron, tête de femme.

588 — Corne d'abondance (fragment irisé et doré).

Argent

589 — Femme debout drapée; Cybèle très-oxydée. **17 cent.**

Albâtre

590 — Fragment des Noces de Thétis.

Plaques en bronze
DES XVe, XVIe & XVIIe SIÈCLES

591 — Plaque carrée dans un cadre en cuivre. Buste à droite de Louis XIV casqué et cuirassé.

592 — Plaque en silhouette. Cavalier poursuivant un sanglier.

593 — Quatre plaques. Romulus tuant Rémus, Apollon couché, etc.

594 — Plaque ronde dorée. Guerrier assis sur un monceau d'armes; inscr. *Victoria funesta*.

595 — Plaque ronde. Neptune sur son char, brandissant son trident.

596 — Deux petites plaques encadrées en cuivre. Guerrier terrassant un ennemi; Marche triomphale.

597 — Deux plaques avec guirlande : figure nue assise, avec un violon; l'autre, homme nu appuyé sur un cippe, faisant faire des tours à des chiens.

598 — Plaque carrée en plomb. Silène sur un âne, avec faunes, satyres, etc.

599 — Plaque carrée. Jésus-Christ trahi par Judas.

600 — Plaque carrée et dorée. Une bataille.

601 — Deux bas-reliefs provenant de pommeaux d'épées; l'un représente Curtius se précipitant dans le gouffre, et l'autre Mucius Scævola.

602 — Plaque carrée. Mercure et Pallas debout, avec leurs attributs.

603 — Plaque ovale. Têtes en regard de Mars et Diane.

604 — Plaque ronde. Cavalier accompagné de deux archers à pied.

605 — Plaque ronde. Deux cavaliers au galop, la lance en arrêt. *Victori gloria major erit s. c.*

606 — Plaque ronde. Deux satyres découvrent une femme endormie avec ses deux enfants, sur un cippe ou lit : *Virtus*. ℞. Satyre jouant du buccin, auprès d'une femme couchée, tenant une corne d'abondance.

607 — Plaque ronde. Jugement de Paris.

608 — Plaque carrée. Deux guerriers armés devant l'empereur assis sur une estrade, sur laquelle on lit s. p. q. ᴢ.

609 — Plaque carrée. Combat.

610 — Plaque carrée. Une femme montre à la foule la **Vierge** au-dessus d'un temple, un personnage couronné est tombé à genoux.

611 — Plaque ronde. Armée en marche SÉNATUS POP. ; dans un second cercle chasse, et combat de gladiateurs.

612 — Plaque ronde. Deux petits amours enlacés dans une tête de Méduse.

613 — Plaque ronde. Sujet allégorique, composé de quatre personnages et signée 10. *f. f.*

614 — Plaque ronde. Femme debout sur des dégrés, portant sur sa tête une vasque, d'où sort un liquide que la foule s'empresse de recueillir. *Numquam deficit virtus.*

615 — Plaque ovale. Buste à mi corps d'un faune.

616 — Plaque carrée. Combat sous les murs d'une ville.

617 — Plaque carrée. Le Temps assis sur un lion, victoire, Hygie et autres personnages.

618 — Plaque carrée. Faunes et satyres emportant Silène.

619 — Plaque carrée. Guerrier nu assis, tenant d'une main le palladium et de l'autre une épée courte.

620 — Plaque carrée. Hercule tuant l'hydre.

621 — Plaque carrée. Jésus-Christ chassant les marchands du Temple; sur le fronton on lit : *Valerius vin. f.*

622 — Plaque carrée. Trois guerriers prêts à s'embarquer sur un vaisseau.

623 — Plaque carrée. Char traîné par deux lions sur ce char, quatre personnages, dont l'Équité.

624 — Plaque carrée. Char traîné par deux mulets; deux femmes sont enchaînées près des roues, sur le char trois femmes au-dessus desquelles on lit : *inopia umi tim.*

625 — Plaque carrée. Vue d'une ville au bord d'un fleuve; une armée s'en empare, plusieurs personnages sont jetés dans le fleuve.

626 — Plaque ronde. Hercule portant la biche aux pieds d'or, satyres et femmes dansant.

627 — Plaque carrée. Le Christ en croix, entre les deux larrons; au pied de la croix femmes pleurant, et guerriers.

628 — Plaque carrée. Un combat.

629 — Plaque carrée. Hercule étouffant Cacus dans ses bras; la peau du lion, son arc et son carquois sont accrochés à un arbre.

630 — Plaque ronde. Vulcain forgeant un bouclier, tenu par une victoire; deux chevaux paissant.

631 — Plaque ronde. Prométhée tombé de son char.

632 — Plaque ronde. Deux guerriers tenant un homme nu, à ses pieds un violon, dans le lointain un vaisseau.

633 — Plaque carrée finissant par un cintre. Buste à

mi-corps de la Vierge nimbée, tenant l'Enfant Jésus nimbé.

634 — Bas-relief rond. Apollon vainqueur du serpent Python. ℞. Enfant endormi près d'un cippe.

635 — Bas-relief carré. La Vierge et l'Enfant Jésus, assise sur une base, sur laquelle on lit : *Ave regina celorum*, à ses pieds, deux petits anges.

636 — Bas-relief rond. Orphée et Eurydice aux enfers. 10 c.

637 — Petit bas-relief rond, représentant Hercule debout, étouffant un lion ; son arc et son carquois sont suspendus à un arbre derrière lui. XVIᵉ siècle. 10 c.

MÉDAILLES

MÉDAILLES

Médailles en bronze

DES XV°, XVI° & XVII° SIÈCLES

SUÈDE

1 — Gustave-Adolphe (1633). Tête à droite, de trois quarts, sans légende ni revers.

10 cent.

2 — Gustave-Adolphe et **Marie-Eléonore** sa femme (1633). Tête à droite. GUSTADOUR. D. G. SUEC. GOTH. WAN. REX. M. P. F. DE. ETCIDO. ℞. Tête à gauche. MARIA. LEONORA. GETNAN. REG. M. P.

3 cent.

3 — *Le Même.* Tête à droite, de trois quarts. GUSTAVUS. ADOLP.

D. G. SUED. GOTHOR. etc. ℞. Lion tenant un glaive, légende allemande en deux lignes.

4 cent.

DANEMARK

4 — **Frédéric II**, roi de Danemark (1547). Tête à gauche. FREDERICUS. Z. D. G. REX. ℞. Eléphant. MEIN. HOFFUNG. ZU. CODT. ALLEIN. 1580. Sous l'Eléphant T. I. W. B.

3 cent.

ANGLETERRE

5 — **Henri VIII**, d'Angleterre (1547) . Tête de face. HENRICUS. VIII. DE. GRATIA. REX. ANGLIE. Sans revers.

10 cent.

6 — **Marie Tudor** (1558). Tête à gauche. MARIA. REG. ANGL. FRANC. ET. HIB. FIDEI. DEFENSATRIX. (JAC. TREZ.) ℞. La Religion portant un rameau et une torche. CESIS. VISUS. TIMIDIS. QUIES.

6 cent.

7 — Même médaille en argent.

6 cent.

8 — **Charles I**er d'Angleterre (1649). Tête à droite. CAROLUS. D. G. MAGN. BRITAN. FRANC. ET. HIB. REX. FR. D. ℞. Tête à gauche. HENRIETTA. MARIA. D. G. MAG. BRITAN. FRAN. ET. HIB. REG. Exergue. T. RAWLIN. F. Argent. Ovale.

5 cent.

9 — *Le Même.* Tête à gauche. CAROLUS. D. G. M. BR. FR. ET. HIB. REX. Sous le buste 1 d. f. ℞. Tombeau. NAT. 13 NOV. 1600. COR. 2 FÉV. 1626. M. 13 JANV. 1649. Jean Dassier.

4 cent.

10. — Olivier Cromwell (1658). Tête à gauche. OLIVAR. D. G. P. ANG. SCO. HIB. ETC. PRO. ℞. Ecusson. PAX. QUAERI-TUR. BELLO. 1658. Essai en bronze de l'écu.

4 cent.

EMPIRE D'ALLEMAGNE

ARCHIDUCS

11 — Sigismond (1437). Tête à droite, de trois quarts. SIGIS-MUNDUS. D. G. IMP. RO. HONG. ET. BO. REX. DE. BURG. ZC. Sans revers.

3 cent.

12 — Frédéric III (1493). Tête à gauche. IMP. CAES. FRIDE-RICUS. III. AUG. AN. 58. Sans revers. Plomb. Ovale.

9 cent.

**13. — *Le Même.* Tête à gauche. FRIDERICUS. TERTIUS. ROMANO-RUM. IMPERATOR. SEMPER. AUGUSTUS. ℞. Arc de triomphe sur lequel on lit : CXXII. EQUITES. CREAT. KALENDI. JANUA-RII. MCCCCLXIX.

5 cent.

**14 — *Le Même.* Têtes accolées à droite de Frédéric III et Maximilien Ier. DIVI. FRIDRICHUS. III. PAT. ET. MAXIMI-

LIANUS. FILI. IMPER. ROMANI. R'. Ecusson et couronne. NOBILISS. AC. ILLUSTRISS. DOMUS. AUSTRIACAE. INSIGNIB., AN. 1531.

5 cent.

15 — Maximilien Ier et Marie de Bourgogne (1519). Tête à droite. MAXIMILIANUE. MAGNANIM. ARCHIDUX. AUSTRIAE. BURGUNDIE. AETATIS. 19. R'. Tête à droite. MARIA. KA-ROLI. FILIA. HERES. BURGUNDI. BRAB. CONJUGIS. ETATIS. 20. 1479.

4 cent.

16 — *Le Même*. Tête à droite, de trois quarts. Haut relief. Sans légende ni revers.

8 cent.

17 — *Le Même*. Tête à droite. Sans légende ni revers.

5 cent.

18 — *Le Même*. Tête à droite. MAXIMILIANUS. IMPERATOR. Sans revers.

5 cent.

19 — Maximilien Ier et Marie de Bourgogne (1519). Tête à droite. MAXIMILIANUS. DUX. AUSTRIAE. BURGUND. R'. Tête couronnée à droite. MARIA. KAROLI. F. DUX. RUR-GUNDIAE. AUSTRIAE BRAB. CO. FLAN.

5 cent.

20 — **Charles-Quint** (1558). Tête à droite. IMP. C. CARO-LUS. V. AUG. R'. PHIL. AUST. CARO. V. CAES. F. Philippe à cheval à droite.

10 cent.

21 — *Le Même*. Tête à droite, entourée d'écussons. CARO-
LUS. RO. IMPER. ℞. Double aigle entouré d'écussons.
N. 1551.

7 cent.

22 — *Le Même*. Tête à droite. CAROLUS. V. DEI. GRATIA. RO-
MAN. IMPERATOR. SEMPER. AUGUSTUS. REX. HIS. ANNO. SAL.
MDXXXVII. ACTATIS. SUAE. XXXVII. ℞. Ecusson, PLUS OUL-
TRE. (H. R.)

8 cent.

23 — *Le Même*. Tête à droite. CAROLUS. V. IMP. BONON. CORO-
NATUS. MDXXX. Sans revers.

9 cent.

24 — *Le Même*. Deux têtes accolées à droite. CAROLUS. V.
X. FER. 1. FRES. RO. IMP. ET. RE. HISP. UTRIQ. SICIL.
UNG. BOE. ARCHID. AUST. D. BURG. 1532. (K. Q. F.) Sans
revers.

7 cent 1/2.

25 — *Le Même*. Tête à droite. IMP. AUG. CAROLUS. V. ROM. Sans
revers.

8 cent.

26 — *Le Même*. Quatre têtes accolées à droite. HENRICUS. II.
FR. CAROLUS. V. S. U. A. R. D. DIVI. JULI. LUCRETIA. Sous
les bustes L. POERLM. RO. F. Sans revers.

5 cent.

27 — *Le Même*. Tête à droite. IMP. CAES. CAROLUS. V. AUG.
℞. Tête à gauche, de trois quarts. DIVA. ISABELLA. AUG.
CAROLI. V. UX.

9 cent.

28 — *Le Même*. Tête à droite. IMP. CAES. CAROLUS. V. AUG. . $\cancel{100}$
R'. L'Aurore sur son char. VIRTUTIS. FORMAE. QUE.
PRAELIA.

8 cen.

29 — *Le Même*. Quatre têtes accolées de Charles-Quint,
Philippe II, Maximilien et Marie. Sans revers ni 40
légende.

7 cent.

30 — *Le Même*. Tête à droite. CAROLUS. V. CHRIST. REIP. IN-
STAURAT. AUS. IMP. CAE. R'. Hygie donnant à manger à un 15
serpent sur un autel. SALUS. PUBLICA.

5 cent.

31 — *Le Même*. Tête à gauche, de trois quarts. DIVUS. CAR. V.
CAES. AUG. OPT. PR. TR. F. CHR. REIP. SERV. IMP. P. P. R'. 15
Globe entre deux colonnes. NOMINE CAESAREO PLENUS UTER-
QUE POLUS.

3 cent.

32 — *Le Même*. Tête à droite. KAROLUS. 8°. ROM. INVICTISS°. - 100
IMP. CAES. SEMPER. AUG. Sans revers.

11 cent.

33 — *Le Même*. Tête de trois quarts, à gauche. Sans légende
ni revers.

8 cent.

34 — **Maximilien II**, empereur d'Allemagne (1576). Tête
à gauche. MAXIMILI. II. ROM. IMP. SEMPER. AUGUSTUS. R'.
Aigle à deux têtes et écusson. DEO. ET. CAESARI. FIDEL.
PERPET. 1571.

4 cent.

— **Mathias II** (1619). Tête à droite. MATTHIAS. II. D. G. HUNG. etc. Ɍ. AMAT. VICTORIA. CURAM. Victoire debout et une femme tenant une palme. Ovale. Plomb.

4 cent.

— **Le Même**. Tête à droite. MATHIAS. REX. HUNGARIAE. Sans revers.

8 cent.

17 — **Ernest**, archiduc d'Autriche (1595). Tête à gauche. ERNESTUS. ARCHIDUX. AUSTRIAE. DUX. BUR. COM. TIR. (A. A. R.) Ɍ. Couronne. SOLI. DEO. GLORIA. 1585. Argent.

3 cent.

— **Le Même**. Tête à gauche. ERNESTUS. ARCHID. AUSTRIAE. Sans revers.

4 cent.

— **Don Juan** d'Autriche (1578). Tête à gauche. JOANNES. AUSTRIA. CAROLI. V. FIL. AET. SU, ANN. XXIV. Sous le buste IO. V. VILEM. F. 1571. Ɍ. Don Juan sur une colonne rostrale, couronné par une Victoire. CLASSE. TURCICA. AD. NAVPACTUM. DELETA. DIE. OCTOBR. 1571.

4 cent.

40 — **Marie** d'Autriche, fille de Charles-Quint. Tête à gauche. MARIA. AUSTR. REG. BOEM. CAROLI. V. IMP. FIL. Ɍ. Tête à gauche, de trois quarts. IOANNA AUSTR. CAROLI. V. IMP. FILIA.

6 cent.

41 — **La Même**. Tête à gauche. MARIA. AUST. REG. BOEM.

CAROLI. V. IMP. FIL. ℟. Femme tenant des rameaux et une couronne. CONSOCIATIO. RERUM. DOMINA.

6 cent.

42 — *La Même*. Tête à gauche. MARIA. IMP. MDLXXV. (16 AN. AB.) Sans revers.

6 cent.

43 — **Marguerite** d'Autriche (1586). Tête à droite. MARGARITA. AUSTRIA. ℟. Combat. DOMINUS. CUSTODIA. TUA. DOMINUS. PROTECTIO. TUA.

4 cent.

44 — *La Même*. Tête à droite. MARGARETA. F. AUSTRIA. D. P. P. ℟. Soleil et plantes. T. INT. F. R. S. T. D. D. R.

3 cent.

45 — *La Même*. Tête à droite. MARGARITA. AB. AUSTRIA. D. P. ET. P. GERM. INFER. G. ℟. Femme debout, tenant un glaive et une palme. A. DOMINO. FACTUM. EST. ISTUD. 1567.

3 cent.

46 — **Marie-Thérèse** d'Autriche (1780). Tête à gauche. LEOPOLDUS. D. G. ROM. IMP. SE. AUG. H. B. REX. ℟. sans revers.

3 cent. 1/2.

SAXE

47 — **Christian**, duc de Saxe. Tête à droite. CHRISTIAN. D. G. DUX. SAXO. ET. ELEC. Ovale. Sans revers.

H. 4 cent.

48 — Jean-Frédéric, électeur de Saxe (1554). Tête à droite, de trois quarts. IMAGO. IOANNIS. FRIDIRICI. ELECTORIS. DUX. SAXONIÆ. ℞. Bataille. NON. FRUSTRA. GLADIUM. GESTAT. NAM. DEI. MINISTER. EXCULTOR. AD. IR. MDXXXVII.

5 cent.

49 — Le Même. Tête à droite, de trois quarts. JOANNS. FRIDI-RICUS. ELECTOR. DUX. SAXONIE. FIERI. FECIT. AETATIS. SUAE. 32. ℞. Écusson. SPES. MEA. IN. DEO. EST. ANNO. NOSTRI. SALVATORIS. MDXXXV.

6 cent.

SILÉSIE

50 — Jean-Christian, duc de Silésie. Tête à droite. IOHAN-NES. CHRISTIAN. D. G. DUX. SILESIAE. LIGNIE. ET. BUGENSIS. 1608. ℞. Écusson. INTEGRITAS. ET. RECTUM. CUSTODIUNT. æ. Ovale. Arg.

4 cent.

BOHEME

51 — Ferdinand Iᵉʳ, roi de Bohême (1564). Tête à droite. C. FERDINANDUS. D. G. RO. HUNGA. BO. REX. Sans revers.

8 cent.

BRANDEBOURG

52 — Frédéric, marquis de Brandebourg. Tête à gauche. SUPERST. DEI. GRATIA. INVICTA. VIRTUS. FRIDERICH. ANN. NAT. LXX. ℞. Écusson. MARCK. BRAND. STETTI. POME. CASUB. VAND, BUR. GR. MURREN. PRIN. RO. G. MDXXVIII.

4 cent.

6

BRUNSWICK

53 — Frédéric-Ulrich, duc de Brunswick (1634). Tête à droite. FRIDERICH. ULRIC. D. G. DUX. BRUNS. EL. Ovale.

4 cent.

HONGRIE

54 — Louis II, roi de Hongrie (1526). Tête à gauche. LUDO-VICUS. UNGAR. etc. AETATIS. SUAE. 30. ℞. Une bataille. 1532. DE. GALLIS. AD. CANNAS. Arg.

55 — Louis II, roi de Hongrie et **Marie** d'Autriche (1526). Tête à gauche. LUDOVIC. UNGAR. ET. REX. CONIRA. TURCA. PUGNANDO OCCUBUIT. 1526. AETATIS. SUAE. XXX. ℞. Tête à droite. MARIA. REG. etc.

4 cent.

56 — Emeric de Tekely (1705). Tête à droite, de trois quarts. EMERIC. TEKELY. DUX. PROTEST. IN. HUN. ℞. Cheval rompant ses liens après avoir renversé son cavalier. SIC. VIRTUS. NESCIA. FRENI.

5 cent.

ÉVÊQUE DE SPIRE

57 — Georges, évêque de Spire. Tête à gauche. GEORG. EPS. SPIRE. COPA. RE. DUX. BAVA. ℞. Écusson, MDXX.

4 cent. 1/2.

PERSONNAGES ALLEMANDS

58 — Jean Schram (XVIᵉ siècle). Tête à droite. IOANNI. SCHRAM. WURZBURGII. AETATIS. SUI. ANNORUM. XIII. MDXIX. ℞. Ancre. CONSTANCIA. ROTAT. OMNE. FATUM.

4 cent.

59 — Jacques Fugger, écrivain allemand (1555). Tête à droite, de trois quarts. JAC. FUGGER. DER. ALTER. Sans revers.

5 cent.

60 — Hans Hofman. Tête à gauche. HANS. HOFMAN. FREIHER. CIBLAN. 1. HOFMAIS. A. STEY. ℞. Écusson. RO. RU. MA. RATT. UND. CAMERER. CZ. ANNO. D. 1542.

3 cent.

61 — Ulrich Pauman (XVIᵉ siècle). Tête à droite. ULRICH. PAUMAN. VON. UNTERSCHWAINPACH. XX. ℞. Cimier et écusson. RO. KU. M. T. Z. ETC. ERRNHOLD. MDXLIII. SEINES. ALTERS. XXXVIII.

4 cent.

62 — Jean d'Aich de Cologne. Tête à droite. IOANNES. AB. AICH. AGRIPPINENSIS. AETATIS. SUAE. XXVII. ℞. Homme portant une meule sur son dos. IN. TE. DOMINE. SPERAVI. NON. CONFUNDAR. IN. AETERNUM. Argent.

3 cent. et 1/2.

63 — Philippe Melanchton (1560). Réformateur, né à

Bretten. Tête à gauche. PHILIPPUS. MELANTHON. ANNO. AETATIS. SUAE. XLVII. (H.) ℞. PSAL. 36. SUBDITUS. ESTO. DEO. ET. ORA. EUM. ANNO. MDXXXXIII.

4 cent.

64 — **Henri d'Eppendorf**, savant allemand (1553). Tête à gauche. AD. VIVUM. REDDITUS. HENRICUS. AB. EPPENDORF. ℞. AUGUSTA. VINDELICORUM. SUB. CELEBRI. PRINCIPIUM. GERMANIC. CONVENTU. CAROLO. V. IMPERATORE. MDXXX.

5 cent.

65 — **Jean de Huss** (1415). Tête à droite. JOA. HUS. CREDO. UNAM. ESSE. ECCLESIAM. SANCTAM. CATOLICAM. ℞. Jean Huss lié sur un bûcher allumé. IO. HUS. CONDEM-NATUR. CHRISTO. NATO. 1415. DEO. RESPONDEBITIS. ET. MIHI. ANNO. A. CENTUM. REVOLUTIS. ANNIS.

4 cent.

66 — **Martin Luther** (1546), né en Saxe. Sans légende ni revers.

67 — *Le même*. Tête à gauche. Sans légende ni revers.

10 cent.

68 — *Le même* (1546). Tête de face. MARTIN. LUTHER. DEHOR. 1483. OWORTS. 1456. ℞. Luther et le peuple dans un temple. MIT. GOTT. NRVONNEN. ZU. WINNENBERG. DEN. 31. OCTOBER. 1517.

10 cent.

69 — **Albert Durer** (1528). Tête à droite. IMAGO. ALBERTI.

DURERI. AETATIS. SUAE. LVI. ℞. BE. MA. OBDORMIVIT. IN
XPO. VI. IDUS. APRILIS. MDXXVIII. VI. C. VI.

3 cent. et 1/2.

70 — **Jean**, comte palatin. Tête à gauche. IOAN. C. PAL. RE.
DUX. BA. ET. EO. C. SPANHEIM. ℞. Écusson. AETATIS. SUAE.
XXVIII. ANNO. DOMINI. MDXX.

5 cent.

71 — **François Siekinyz**. (XVIᵉ siècle). Tête à gauche.
FRANCISCUS. SIEKINYZ. RATUHAUMAN. CAROLI. QUINTI. MDXXI.
℞. ALPINGOT DI ERLIEBDEN, etc.

5 cent.

72 — **Nicolas Schlifer** (XVᵉ siècle), musicien allemand.
Tête à gauche. NICOLAUS. SCHLIFER. GERMANUS. VIR. MODES-
TUS. ALTER. Q. ORPHEUS. ℞. Orphée. MCCCCXLVII. OPUS JOAN-
NIS BOLDU PICTORIS.

8 cent.

73 — **Antoine de Taxis**. Tête à droite. ANTONIUS. DE. TAXIS.
AETA. XLII. ℞. Écusson. 1552.

5 cent. 1/2.

74 — **Philippe de Jung Frilher**. Buste à mi-corps, la
main sur un crâne et l'autre sur un livre sur lequel on lit :
memen. mors. 1558, etc. Sans revers.

5 cent.

75 — **Zamiczer Wenezel**. Tête à droite, de trois quarts WE-
NEZEL. ZAMICZER. SEINES. ALTERS. LX. IAR. ANNO MDLXVIII.
Sans revers.

7 cent.

76 — **Christophe Madrucci** (1587), évêque de Trente. Tête à gauche. CHISTOPHORUS. MAUR. CAR. EPS. PRIN. Q. TRIDENTINUS (PER. 1551). ℞. Femme montrant le soleil reflété dans l'eau.

3 cent. 1/2.

77 — *Le Même* (1587). Tête à droite. CHRISTO. EX. BARONISS. MADRUCCI. ETA. SUAE. XXXV. ℞. Écusson et chapeau de cardinal. CARDINA. ET. EPIS. TRIDEN. ADMINISTRA. BRIXIENSIS.

4 cent.

78 — **Christophe Muelichi**. Tête à gauche. CHRISTE- PHORI. MUELICHI. MDXXXIII. AETAT. SUAE. ANN. XXXX. — Femme tenant un lion. FEMINEO. IMPERIO. MITESCUNT. EF- FERA. CORDA.

3 cent. 1/2.

79 — **Jean-Baptiste**, comte de Collato (1560). Tête à gauche. IO. BAPTISTA. DE. COLLATO. CO. etc. (F. Q.) ℞. Ar- mes. POST. TENEBRAS. SPERO. LUCEM. MDLX.

4 cent.

80 — **Vitalis**. Tête à gauche. VITALIS. YMOLICHIUS. A. AE. XXXIX. P. 1559. ℞. Moïse faisant sortir de l'eau d'un ro- cher. Plusieurs personnages.

6 cent. 1/2.

PAYS-BAS

81 — **Jean d'Egmont**, comte. Tête à gauche. JAN. CONTE. D'EGMONT. AETATIS. SE. XXI. Sans revers.

5 cent.

82 — Charles de Croï, duc d'Aarschot, prince de Chimay, ambassadeur du roi d'Espagne (xvii° siècle). Tête à droite. CHARLES DUC DE CROY D'ARSCHOT, PRINCE D'EMPIRE DE CHIMAY BORCEAU, COMTE DE BEAUMONT, SENEGHEN ET MEGNEN. ℞. Écussons et phénix. AMBASSADEUR ET OSTAGES DE LA PAIX ENTRE LES DEUX ROYS. 1599.

4 cent.

83 — Louise-Catherine (xvi° siècle). Tête à gauche. KATTERINA. LUDWIG. HOL. ESCHVERIN. XXII. IAR. ALT. ℞. Écusson. HEREZ. NI. VERZAG. GLUCK. KUMBT. ALLE. TAG. MDXXXVI.

3 cent.

84 — Ant. Perrenot, cardinal de Grandvelle (1586). Tête à droite. ANT. S. R. E. PBR. CARD. GRANDVELLANUS. (JO. VE. MELON). ℞. Un vaisseau battu par la tempête. DURATE.

4 cent.

85 — *Le Même.* Tête à droite. ANT. PERRENOT. S. R. E, P. BRI. CARD. ARCHIEPI. MECHL. 1561. Sans revers.

5 cent.

86 — Ant. Perrenot, cardinal de Grandvelle, né à Besançon (1586). Tête à droite. ANT. S. R. E. PBI. CARD. GRANDVELLANUS. (IO. F. MELON. F.) ℞. Pape remettant une bannière. IN. HOC. SIGNO. VINCES. Plomb.

5 cent.

87 — Albert, archiduc d'Autriche, **Elisabeth** d'Espagne (1621). Tête à droite. ALBERT D. G. ARCHID. AUST. D. BURG. BRA. CO. FL. HOL. Z. ℞. Tête à gauche. ELISABETA. D. G. INF.

HISP. BRA. CO. D. BUR. BRA. CO. FL. HOL. ZE. Semblable à la précédente, mais dorée.

4 cent.

88 — **Philippe de Montmorency**, comte de Hornes (1568). Tête à gauche. EN. TOUT. FIDEL. AU. ROI. ℞. Deux mains jointes. JUSQU'A PORTER LA BESACE. Argent doré.

2 cent.

89 — *Le Même*. Tête à droite. PHLUS. BARO. DE. MONT- MORENCY. COMES. DE. HORN. ADMIRALUS. ZE. C. 1565. Sans revers.

6 cent.

90 — *Le Même*. Tête à gauche. PHLUS. BARO. DE. MONTMOR. N. CZ. COMES. DE. HORN. ADMIRAILUS. Gravé en creux. Sans revers.

6 cent.

91 — **Walbourg de Nuena**, comtesse de Hornes (1600). Tête à gauche. WALBOURG. DE. NUENA. CONTESSE. DE. HORN. Sans revers.

3 cent. 1/2.

92 — **Zuchen Viglius** (de) (1577). Jurisconsulte dans les Pays-Bas. Tête à droite. VIGLIUS. PRCEP. I. BAU. PRAES. SUR. CON. R. MA. ET. CONS. ORD. AN. VEL. AET. LXII. Table sur laquelle se trouvent un livre, un sablier et un flambeau. VITA. MORTATIUM. VIGILIA. On lit sur lelivre : DE. OPUS. M.

93 — **Maurice de Nassau** (1625). Tête à droite. MAURI-

TIUS. PR. AUR. CO. NASSAU. CAP. MARC. VER. ET. ULIS. (CON. BLOC. F.) ℞. Souche et rejeton. TANDEM. FIT. SARCULUS. ARBOR. ANNO. 1607.

4 cent.

95 — *Le Même.* Tête à droite, de trois quarts. MAURITIUS. AUR. PRINC. COM. NASSAU. ET. MU. MARE. RE. FL. GO. OR. PERI-CELDIS. ℞. Ecusson. HONNY. SOIT. QUI. MAL. Y. PENSE. Ovale.

6 cent.

96 — Jean de Witt, grand-pensionnaire de Hollande et **Corneille de Witt** (1672). Leurs deux têtes en regard. IOANNES. DE. WITT. NAT. A. 1625. CORNELIUS. DE. WITT. NAT. A. 1623. etc. ℞. Animaux féroces déchirant les deux frères. NUNC. REDEUNT. ANIMIS. etc.

7 cent.

FRANCE. — ROYALES

96 — Louis XI de France (1484). Tête à gauche. DIVUS. LUDOVICUS. LILII. PATER. AUCTOR. REGNI. REX. FRANCIAE. Dorée. Sans revers.

8 cent.

97 — *Le Même.* Tête à droite. DIVUS. LUDOVICUS. REX. FRANCO-RUM. Sans revers.

7 cent.

98 — Louis XII de France (1515). Tête à droite. FELICE. LUDOVICO. REGNANTE. DUODECIMO. CESARE. ALTERO. GAU-DET. OMNIS. NATIO. ℞. Tête à gauche d'Anne de Bretagne. LUGDUN. REPUBLICA. GAUDETE. BIS. ANNA. REGNANTE. BENIGNE. SIC. FUI. CONFLATA. 1499.

11 cent.

99 — **François I****er** de France (1547). Tête à gauche. Sans légende. ℞. François I**er** à cheval.

10 cent.

100 — *Le Même*. Tête à droite. FRANÇOIS. DUC. DE. VALOIS, COMTE. D'ANGOLESME, AN. X. (AN. DS. CA.). ℞. Salamandre. NUTRISCO. ALBUONO. STINGO. EL. REO. MCCCCIIII.

7 cent.

101 — *Le Même*. Tête à droite. FRAN. DUX. VALESIE. COMES. ENGOLESMEN. ℞. Salamandre. VITA. ET. MORS.

3 cent.

102 — *Le Même*. Tête à gauche. FRANCISCUS. FR. REX. Sans revers.

5 cent.

103 — *Le Même*. Tête à gauche. Sans légende ni revers.

4 cent.

104 — *Le Même*. Tête à gauche. FRANCISCUS. PRIMUS. FR. INVICTISSIMUS. ℞. Victoire et Mars couronnant François I**er**. VIRTUTI. REGIS. INVICTISSIMI.

4 cent.

105 — *Le Même*. Tête à gauche. FRANCISCUS. I. FRANCORUM. REX. ℞. Tête à gauche. FRANCISCUS. I. FRANCORUM. REX. Dorée.

5 cent.

106 — *Le Même.* Tête à gauche. FRANCISCUS. I. FRANCORUM. REX. ℞. Cavalier terrassant la Fortune. FORTUNAM. VIRTUTE. DEVICIT. Sous le cheval BENEVENUT. (Ben. Cellini.)

4 cent.

107 — *Le Même.* Tête à gauche, de trois quarts. FRANCISCUS. FRANCORUM. REX. C. Dorée. Sans revers.

4 cent.

108 — *Le Même.* Tête à gauche, de trois quarts. FRANCISCUS. I. FRANCORUM. REX. C. ℞. Salamandre.

4 cent. 1/2.

109 — *Le Même.* Tête à gauche, de trois quarts, avec une toque à plume. FRANCISCUS. I. DE FRANCORUM. REX. 1537.

11 cent.

110 — **Henri II**, de France (1559). Tête à droite. HENRICUS. II. GALLIARUM. REX. INVICTISS. P. P. ℞. Couronne de laurier. RESTITUTA. REP. SENENSI. LIBERTATIS. OBSID. MEDIO- MAT. PARMA. MIRAND. SANDAMI. ET. RECEPTO. HEDINIO. ORBIS. CONSENSU. 1552.

5 cent.

111 — *Le Même.* Tête à droite. HENRICUS. D. G. FRANCOR. REX. ℞. Renommée sur un globe. SUA. CIRCUIT. ORBE. FAMA. 1559.

3 cent

112 — *Le Même.* Tête à droite. HENRICUS. II. GALLIARUM. REX. INVICTISS. P. P. ℞. Deux rois et leurs armées en présence. Victoire au-dessus.

6 cent.

113 — *Le Même*. Tête à droite. HENRICUS. II. FRANCORUM. REX. INVICTISS. P. P. ℞. La France sur un char avec l'Abondance et la Gloire. TE. COPIA. LAURO. ET. FAMA. BEARUNT. (NUIA.) Doré.

5 cent.

114 — **Henri II et Catherine de Médicis**. Tête à droite. HENRICUS. II. GALLIARUM. REX. INVICTISS. P. P. ℞. Tête à gauche. KATHARINA. DE. MEDICIS. REGINA. FRANCORUM.

5 cent.

115 — **Henri II**, de France. Tête à droite. HENRICUS. II. REX. FRANCORUM. Sans revers.

6 cent.

116 — *Le Même*. Silhouette dorée, tête à gauche.

6 cent.

117 — Tête à droite. HENRICUS II. GALLIARUM. REX. INVICTISS. P. P. ℞. Char triomphal portant trois figures allégoriques. OB. RES. IN. ITAL. GERM. ET. GALL. FORTITER. AC. FELIC. GESTAS. EX. VOTO. PUB. 1552.

5 cent.

118 — **Henri II, Catherine de Médicis et Charles IX**. Têtes en regard d'Henri II et Catherine. HENRICUS. II, GALLOR. REX. INVICTISS. ET. CATHARINA. EJUS. UXOR. ℞. Tête à droite. CAROLUS. IX. GALLOR. REX. EORUM. FILIUS.

4 cent.

119 — **Charles IX** (1574). Tête à gauche, avec la toque,

fraise et collier. CAROLUS. IX. FRANC. REX. CHRISTIANUS. 1573.

12 cent.

120 — *Le Même*. Sur un trône, avec un sceptre et un glaive. VIRTUS. IN. REBELLES. ℞. Couronne et écusson. PIETAS. EXCITAVIT. JUSTITIAM. 24 AUGUSTI. 1572. (Saint-Barthélemy.)

4 cent.

121 — *Le Même*. Pour la saint Barthélemy. Charles sur son trône, avec un sceptre et un glaive. VIRTUS. IN. REBELLES. ℞. Couronne et écusson. PIETAS, etc. Argent.

4 cent.

122 — *Le Même*. Tête à droite. CAROLI. VIIII. FRANCORUM. REGIS. ℞. Charles à cheval et sous un dais. ADVENTUS. LUT. 1574.

3 cent. 1/2.

123 — *Le Même*. Tête à droite. CAROLUS. DEI. G. FRANCORUM. REX. CHRIS. ℞. Char et figures allégoriques. EX. VOTO. PUB. 1568.

4 cent.

124 — *Le Même*. Tête à droite. CAROLUS. IX. GALLIAR. REX. Sans revers.

4 cent.

125 — *Le Même*. Tête à droite. CAROLUS IX. GALLIARUM. REX. CHRISTIANUS. 1565. ℞. Tête à gauche. KATHARI. REGIN. HENRI II. UXOR. FRANCIS. ET. CAROL. REGUM. MATER.

4 cent.

126 — *Le Même*. Tête à droite. CAROLUS. IX. D. G. FRANCOR. REX. ℞. Minerve emportant des colonnes. MAJOR. ERIT. HERCULE.

5 cent.

127 — **Catherine de Médicis** (1589). Tête à gauche. KATHARIN. D. G. FRANCORUM. REGINA. 1589. ℞. Brasier et larmes. ARDOREM. EXTINCTA. TESTANTUR. VIVERE. FLAMMA.

5 cent.

128 — *La Même*. Tête à gauche. KATHARINA. DE. MEDICIS. REGINA. FRAN. Sans revers. Plomb.

5 cent.

129 — *La Même*. Tête à gauche, de trois quarts. KATHARI. REGIN. HENRI. II. UXOR. FRANCI. CAROL. ET. HENRI. REGUM. MATER. Sans revers.

16 cent.

130 — Tête à droite. Sans légende ni revers. Ovale.

4 cent.

131 — **Henri III** et **Catherine de Médicis** (1589). Tête à droite. HENRICUS. III. D. G. FRANCORUM. ET. POL. REX. ℞. Tête à gauche. KAT. HENRI. II. UX. HENRI. III. FRANC. ET. POL. REG. MAT. AUG. Argent.

4 cent.

132 — **Henri III**, de France (1589). Tête à droite. HENRICUS. III. FRANCORUM. ET. POL. REX. 1579. ℞. FOEDERE. CUM. HELVETIIS. ET. RHAETIS. RENOVATO. MDLXXXII.

4 cent.

Henri III
diam 4 1/2
{ HENRICVS PIVS D.G. FRANCORVM ET POL. REX 1583. buste d'Henri
lauré et cuirassé à droite . ℞. CVNCTIS HAEC MVLTIS HAEC. le champ
séparé en deux ; dans la 1re d'un mains sortant des nuages portant l'une une corne d'abondance
l'autre une bourse. entr'elles le R. dans la 2e deux mains se serrant F.H. — 4 1/2 -30. Porstalis

133 — *Le Même.* Tête à droite. HENRICUS. III. D. G. FRANCOR. ET. POL. REX. 1579. ℞. Henri à cheval. TALIS. ALEXANDRI. TIGRIN. SUPERANTIS. IMAGO. Dorée.

3 cent.

134 — *Le Même.* Tête à droite, de trois quarts. HENRICUS. III. D. G. FRANC. ET. POL. REX. D. 73. Sans revers.

16 cent.

135 — *Le Même.* Henri conférant l'ordre du Saint-Esprit. HENRI III DE CE NOM, ROY DE FR. ET DE POLOGNE, AUTHEUR ET SOUVERAIN DE L'ORDRE DES CHEVALIERS DU SAINT-ESPRIT. Sans revers.

12 cent.

136 — **Charles X**, cardinal de Bourbon (1590). Tête à gauche. CAROLUS. X. D. G. FRANCORUM. REX. ℞. Le cardinal à genoux devant l'autel, main tenant une couronne. OMNIA. IN. MANU. DOMINI.

6 cent.

137 — *Le Même.* Tête à gauche. CAROLUS. X. D. G. FRANCORUM. REX. 1590. ℞. Autel, crosse, calice et couronne. REGALE SACERDOTIUM.

3 cent.

138 — **Henri IV**, de France (1610). Tête à droite. HENRICUS. IIII. D. G. FRANCORUM. ET. NAVARAE. REX. (1606. G. DUPRÉ). Sans revers.

12 cent.

139 — **Henri IV** et **Marie de Médicis**. Tête à droite.

HENRICUS. IIII. D. G. FRANC. ET. NAVAR. REX. 1601. ℞. Tête à gauche. MARIA. DE. MEDICIS. REG. FRANC. 1601. Dupré.

4 cent.

140 — **Henri IV**, de France (1610). Tête à droite, de trois quarts. Ovale. Sans légende ni revers.

9 cent.

141 — *Le Même*. Silhouette à droite. Plomb.

10 cent.

142 — *Le Même*. Deux têtes accolées à droite. HENR. IIII. R. CHRIST. MARIA. AUGUSTA. 1603. ℞. Henri et Marie se donnant la main au-dessus d'un enfant. PROPAGO. IMPERI. 1603. Dorée.

7 cent.

143 — *Le Même*. Tête à droite. HENRICUS. IIII. D. G. FRAN. ET. NA. REX. ℞. Couronne, écussons, glaive. VICTORIA. YVRIACA. Dorée.

5 cent. 1/2.

144 — *Le Même*. Tête à droite. HENRI LE BIEN AIMÉ. En seconde légende LYON RENTRÉE SOUS L'OBÉISSANCE DU ROI. 1594. PAR JACQUET ÉCHEVIN. Plomb. Sans revers.

4 cent.

145 — *Le Même*. Tête à droite. HENRICUS. IIII. D. G. FRANÇ. ET. NAVAR. REX. 1604. ℞. Henri IV un sceptre à la main, Marie de Médicis portant une corne d'abondance, bustes entre eux. MAJESTAS. MAJOR. AB. IGNE. 1604.

5 cent. 1/2.

La même en argent. 5 cent. 1/2.

146 — *Le même*. Tête à gauche. HENRICUS. IIII. D. G. FR. ET. N. REX. ℞. Fontaine, amour sur un dauphin. OTIA. NOBIS. FECIT. HAEC. 1605. Ovale.

5 cent.

147 — *Le même*. Tête à gauche avec la couronne de fer. H. IIII. FRAN. NAVAR. REX. ℞. Le roi sur un cheval ailé, combattant l'hydre. TERGEMINIS. FULGET. HONORIBUS.

4 cent. 1/2.

148 — **Anne d'Autriche** (1666). Tête à droite. ANNA AUS-TRIACA. FRANC. ET. NAVARE. REGINA. Sous le buste, FLOREN-TIN. ℞. Tournesols, couronne dans le ciel. NON. EST. MOR-TALE. QUOD. OPTO.

5 cent.

149 — *La même*. Tête à droite. ANNA. AUGUS. GALLIAE. ET. NAVARAE. REGINA. Sous le buste, D. G. DUPRÉ. 1610. Dorée. Sans revers.

6 cent.

150 — *La même*. Tête à droite. ANNA. AUGUSTA. GALLIAE, etc. ℞. Buste à droite de Louis XIII. LUDOVIC. XIII. D. G. FRANC., etc.

6 cent.

151 — **Louis XIII** de France (1643). Tête à droite. LUD. XIII. D. G. FRANCORUM. ET. NAVARAE. REX. 1624. ℞. Monument. POSCEBANT. HANC. FATA. MANUM. 1624.

4 cent.

152 — *Le même*. Tête à droite de Louis, avec arc et carquois.

7

LUDOVICUS. XIII. REX. CHRISTIANISS. ℞. Louis perçant un dragon d'une flèche. SIC. CONTERET. HOSTES. CDDCXVII.

(Varin.) 5 cent.

153 — *Le même.* Tête à droite. LUDOVICUS. XIII. D. G. FRAN-CORUM. ET. NAVAR. REX. ℞. Balance. CONSILII. CAELI. QUE. FIDEM. PRAESTAMUS. IN. AEQUO. 1615.

(Varin.) 6 cent.

154 — *Le même.* Tête à droite. LOYS. XIII. ROI. DE. FRANCE. ET. DE. NAVARE. 1610. ℞. EN. L'AN. PREMIER. DU. REGNE. DE. LOYS. XIII. ROI. DE. FRANCE, etc.

3 cent.

155 — *Le même.* Tête à droite. LUDOVIC. XIII. REX. CHRISTIA-NISS. PIUS. JUSTUS. FEL. AUG. CDDCXXVII. ℞. Louis XIII sur une colonne, vaisseau dans le fond. VICTIS. FUSIS. FUGATIS. TERRA. MARI. Q. ANGLIS. 1627.

4 cent.

156 — **Louis XIII, Marie de Médicis** (1643). Tête à droite de Louis XIII en guerrier. ℞. Tête à droite de **Marie** de Médicis en guerrière. Sans légende. Ovale.

6 cent.

157 — **Louis XIII** de France (1643). Tête à droite. LUDO-VIC. XIII. D. G. FRANCORUM. ET. NAVARAE. REX. ℞. Vaisseau voguant. DE. LA. 3. Pᶜᵉ DE Mʳ. DE BAILLEUL PRÉSIDᵗ AU PAR-LEMENT. 1628.

4 cent.

158 — *Le même.* Tête à droite. LUDOVIC. XIII. FRANCOR. ET.

NAVARAE. REX. 1624. ℞. La Justice assise. UT. GENTES. TOLLAT. PRAEMAT. QUE.

159 — *Le même*. Tête à droite. PRO. SCEPTRIS. ARAS. DAT. TELLUS. ET. DEUS. ASTRA. ℞. Monument. LUDOVICUS. XIII. D. G. FRANCOR. ET. NAV. REX. FUNDAVIT. ANNO. MDCXXVII.

6 cent.

160 — *Le même*. Tête à droite. VICIT. UT. DAVID. AEDIFICAT. UT. SALOMON. 1627. ℞. Croix. D. O. M. S. LUDOVICO, etc.

6 cent.

161 — *Le même*. Tête à droite. LUDOVICUS. XIII. D. G. FRANCORUM. ET. NAVARAE. REX. 1624. ℞. Navire. AT. QUE. TUIS. STARET. INANIMIS. AQUIS.

5 cent.

162 — *Le même*. Tête à droite. LUDOVICUS. XIII. REX. GALLIAR. ET. NAVARR. HENRI. MAGNI. FIL. PIUS. FEL. AUG. ℞. Chapelle. SACRA. BEARNIS. RESTITUTA. CIƆIƆCXX.

3 cent. 1/2.

163 — *Le même*. Tête à droite. LUDOVIC. XIII. REX. CHRISTIANISS. PIUS. JUSTUS. FEL. AUG. CDDCXVII. ℞. Louis en dieu Mars. MARTI. FRANCORUM. PACIFERO. DUELLOR. BARBARIE. SUBLATA.

4 cent.

164 — **Louis XIII** de France, **Marie de Médicis** (1643). Deux têtes accolées. LUDOVIC. XIII. REX. CHR. TH. MARIA. MEDICEA. AUGUST. (Dupré.) Sans revers.

5 cent.

165 — *Le même*. Tête à droite. LUDO. XIII. D. G. FR. ET. NAVAR. REX. CHRIS. 1613. ℞. Junon assise sur l'arc-en-ciel. DAT. PACATUM. OMNIBUS. AETHER. 1613. Argent.

6 cent.

166 — *Le même*. Tête à droite. LUDOVIC. XIII. D. G. REX. CHR. GALL. ET. NAVAR. HENRI. MAGNI. FIL. P. F. AUG. (G. DUPRÉ. FECIT. 1610.) ℞. Enfant portant un globe surmonté d'une croix, femme lui présentant un laurier. ORIENS. AUGUSTI. TUTRICE. MINERVA. ANNO. NAT. CHR. CIƆIƆCX. Ovale.

6 cent.

167 — **Louis XIII** de France, **Louis XIV** (1643). Tête à droite. LUDOVICUS. XIII. D. G. FR. ET. NAV. REX. Tête à droite. LUDOVICUS. XIII. D. G. FR. ET. NAV. REX.

4 cent.

168 — *Le même*. Tête à droite. LUDOVICUS. XIII. FRANCORUM. ET. NAVARRAE. REX. 1620. ℞. Louis en Hercule. NON. MARE. NON. MONTES. FAMAM. SED. TERMINAT. ORBIS. (Varin.)

169 — **Marie de Médicis**, reine de France (1642). Tête à gauche. MARIA. DEI. GRATIA. FRANC. ET. NAVAR. REGINA. ℞. Couronne et lauriers. SECULI. FELICITAS. 1610.

12 cent.

170 — *La même*. Tête à droite. MARIA. AUG. GALL. ET. NAVAR. REGIN. ℞. Marie, entourée des divinités de l'Olympe, tient un globe et un sceptre. LAETA. DEUM. PARTU. (Dupré.)

5 cent.

171 — *La même*. Tête à droite. MARIA. AUG. GALLIAE. ET. NA-
VARRAE. REGINA. ℞. Marie sur une galère. DEOS. SERVANDO.
DEA. FACTA. (Dupré.)

6 cent.

172 — *La même*. Tête à gauche. MARIA. DE. MEDICIS. FR. ET.
NA. REGINA. MATRIS. DOMINI. FAMULA. (Florentin.) ℞.
REGINAE. DEI. MATRI. MATRIS. REGUM, etc.

7 cent.

173 — *La même*. Tête à droite. MARIA. MEDICEA. FRANC. ET. NA-
VAR. REGINA. REGENS. CDDCXI. ℞. Galère portant Marie et
Louis. TANTI. DUX. FEMINA. FACTI.

8 cent.

174 — *La même*. Tête à droite. MARIA. AUGUSTA. GALLIAE.
ET. NAVARRAE. REGINA. (G. DUPRÉ. FECIT. 1614.) Sans
revers.

10 cent.

175 — **Louis XIV** de France (1715). Buste. Sans légende
ni revers. Ovale.

9 cent.

176 — **Louis XIV** de France, **Marie-Thérèse** (1715).
Tête à droite. LUD. XIIII. D. G. FR. ET. NAV. REX. Sous le
buste, WARIN. ℞. Tête à droite. MAR. THER. D. G. FR. ET.
NAV. REG.

3 cent. 1/2.

177 — **Louis XIV** et **Anne d'Autriche**. Tête à droite.
LUDOVICUS. XIIII. D. G. FR. ET. NAV. REX. (WARIN. 1643.) Tête
à droite. ANNA. D. G. FR. ET. NAV. REG.

5 cent.

Semblable à la précédente. 2 cent 1/2.

178 — *Les Mêmes.* Buste d'Anne tenant Louis XIV enfant dans ses bras. ANNA. D. G. FR. ET. NAV. REG. RE. R. MATER. LUD. XIV, etc. ℞. Le Val-de-Grâce. OB. GRATIAM. DIEI. DESIDERATI. REGII. ET. SECUNDI. PARTUS. QUINTO. CAL. SEPT. 1638.

9 cent.

FRANCE

PERSONNAGES ILLUSTRES

179 — **François d'Alençon** (1584). Tête à droite. FRANÇOYS. DUC. D'ANJOU. ET. D'ALENÇON. FILZ. DE. FRANCE. ℞. Soleil. FAVET. ET. DISCUTIT.

3 cent. 1/2.

180 — **Georges d'Amboise** (1510). Tête à gauche. Sans légende ni revers.

3 cent.

181 — *Le même,* aumônier de Louis XI (1510). Tête à gauche. GEORGIUS. D'AMBOISE. S. R. E. CARD. ℞. Tiare et clefs sur une tombe. TULIT. ALTER. HONORES. 1503.

6 cent.

182 — **René d'Anjou** et **Jeanne de Laval** (1480). Deux têtes à droite. CONCORDES. ANIMI. JAM. CECO. CARPIMUS. IGNI. ET. PIETATE. GRAVES. ET. LUSTRES. LILII. FLORES. ℞. René rendant la justice sur la place publique. OPUS. PETRI. DE. MEDIOLANO. MCCCCLXII.

10 cent. 1/2.

183 — **Pierre d'Argencourt** (1641), maréchal de ba-

taille. Tête à droite. P. D. C. S. D'ARGENCOURT. MARECH.
DE. BATTAILLE (G. DUPRÉ. 1630). ℞. Glaive et bouclier.
INFERT. ET. SUSTINET. *pas bonne*

6 cent. 1/2.

184 — Charles d'Aubespine (1653), garde des sceaux.
Tête à gauche. CAROLUS. DE. L'AUBESPINE. CUST. SIGILLI.
GALLIAE. MARC. DE. CHASTEAUNEUF. 1653. ℞. La Justice,
assise; dans le ciel, Mercure et une femme portant une
couronne, volant vers le temple de la Gloire. HOC. MONU-
MENTUM. DABIT. NOMEN. AETERNUM.

9 cent.

185 — Nicolas de Bailleul (1662), surintendant des
finances. Tête à droite. NICO. DE. BAILLEUL. PROPRAET.
URB. ET. PRAEF. AEDIL. CURANTE. 1623. ℞. Nymphe couchée près d'une source. AETERNAS. PRAEBET. LUTETIA.
FONTES. (Dupré.)

5 cent.

186 — François de Bassompierre, maréchal de
France (1646). Tête à droite. FR. A. BASSOMPIERE. FRAN-
POLEM. GLIS. HELV. PRAEF. ℞. Phare, étoiles et vaisseau.
QUOD. NEQUEUNT. TOT. SIDERA. PRAESTAT. 1633. (Dupré.)

5 cent.

187 — René de Birague, conseiller au parlement, né à
Milan. Tête à droite. RENATUS. BIRAGUS. FRANCIAE. CAN-
CELLARIUS. ANNO. AETATIS. SUAE. LXX. Sans revers.

16 cent.

188 — Théodore de Bèze (1605). Tête à gauche, de trois
quarts. THÉODORE. DE. BÈZE. Sans revers.

5 cent.

189 — *Le même* (1605). Tête à droite. ANNO. AETATIS. 56.
Plomb. Sans revers.

5 cent.

190 — **Pomponne de Bélièvre**, surintendant des finances (1607). Tête à gauche. POMPONIUS. DE. BELIEVRE.
FRANCIAE. CANCEL. AET. 71. (N. G. I. F. 1601). ℞. La Justice et la Piété. COLIT. HANC. RIGIDE. MODERATUR. ET.
ISTAM. PIE. ACQ. PUB.

5 cent.

191 — **Jacques Boiceau** de la Baroderie, surintendant
des jardins royaux (1690). Tête à droite. JACQUES. BOI-
CEAU. Sʳ. DE. LA. BARAUDERIE. (EX. AB. DUPRÉ. 1624.)
℞. Chenilles et papillons. NATUS. HUMI. POST. OPUS. ASTRA.
PETO.

7 cent.

192 — *Le même* (1690). Tête à droite. JAC. BOICEAU. S. D. L.
BARODERYE. IN. D. JARDINS. DU ROY. 1630. ℞. L'Agricul-
ture, les jardins du roi. AGRICULTURA. HIC. LABOR. INDE.
FAVOR.

4 cent. 1/2.

193 — **Thomas Bohier**, chambellan de Charles VIII,
Louis XII, François Iᵉʳ (1524). Tête à droite. THOMAS. BO-
HIER. GENERAL. DE. NORMANDIE. MCCCCCIII. ℞. Écusson :
S'IL. VIENT. A. POINT.

6 cent.

194 — **Pierre d'Albret** de Navarre (1572). Tête à gauche.
PETRUS. ALLEBRETUS. DE NAVARA. SER. NAVAREN. REG. FIL.

AETAT. S. XXXXIV. Écusson dans le champ. ℞. La Fortune debout. UBI. MAGIS. IBI. MINUS.

10 cent.

195 — Antoine de Bourbon (1562). Tête à droite. ANTONIUS. DEI. G. REX. NAVARE. ℞. Le roi aidant un travailleur à se relever. REX. CONSERVATOR. PROVIDENTIA. 1559.

3 cent.

196 — *Le même.* Tête à gauche. ANTONIUS. REX. NAVARRAE. DEI. G. ℞. Main sortant d'un nuage pour présenter une couronne à Antoine de Bourbon. AUXILIUM. MEUM. A. DOMINO. IN. FIL. HOM. NON. EST. SALUS. 1562.

4 cent.

197 — Jeanne de Navarre (1572). Tête à droite. Sans légende ni revers.

5 cent.

198 — Marguerite de Navarre. Tête à droite. MARGAR. NAVARR. DUCISSA. LOTH. ET. MARCHION. Sans revers.

4 cent.

199 — Henri de la Tour d'Auvergne, duc de Bouillon (1623). Tête à gauche, de trois quarts. HENRI. DE. L. TOUR. DUC. DE. BUIL. P. S. DE. SED. Sans revers.

9 cent.

200 — Charles II de Cossé, duc de Brissac, maréchal de France (1621). Tête à droite. CA. D. COSSÉ. DUX. D. BRI

SAC. PAR. AC. MARESC[l]. FRANCIAE. ℞. Scie fendant un rocher. TEMPORE.

4 cent. 1/2.

201 — **Robert Briçonnet**, archevêque de Reims (1497). Tête à droite. ROB. BRIÇONET. AR. DUX. REMEN. PRIMUS. PAR. FRANCIAE. ℞. MARCET. SINE. ADVERSARIO. VIRTUS.

6 cent.

202 — **Pierre Briçonnet**, conseiller du roi (1509). Tête à droite. PETRUS. BRIÇONNET. MILES. FRANCIAE. GENERALIS. MCCCCCIII. ℞. Deux enfants portant une corne d'abondance. DITAT. SERVATA. FIDES.

6 cent.

203 — *Le même.* Sans revers.

7 cent.

204 — **Martin Bucer**, né à Schelestadt, dominicain, puis ministre réformé (1551). Tête à gauche. MARTINUS. BUCERUS. MINISTER. EVANGELIQ. N. J. CHRISTI. AETATIS. SUAE. LVI. ℞. NIHIL. JUDICO. ME. SCIRE. QUA. ETC. MDXXXXVI.

4 cent.

205 — **Jean Calvin**, né à Noyon (1564). Tête à droite. IOANNES. CALVINUS. 1560. Ovale. Sans revers.

4 cent.

206 — *Le même.* Plomb.

4 cent.

207 — **Louis Lefevre de Caumartin**, garde des sceaux (1623). Tête à droite. M. L. LEFEVRE. DE. CAUMARTIN. CH[ier].

GARDE. DES. SCEAUX. DE. FR. Sous le buste, T. BERNARD. F.
℞. La Justice dans son temple. HIC. PIETAS. HIC. PRISCA.
FIDES.

8 cent.

208 — **Charles le Téméraire** (1471). Tête à droite. DUX.
BURGUNDUS. CAROLUS. ℞. Bélier. JE. L'AI. EMPREINS. BIEN.
EN. AVEINGNE.

4 cent.

209 — **Joachim de Châteauvieux**, capitaine de la
Bastille (1615). Tête à droite. JOACHIM. A. CASTROVETERI.
COMES. CONFLUENTIS. Sans revers.

4 cent. 1/2.

210 — **Henri de Bourbon**, prince de Condé, et **Marie-
Charlotte**, sa femme (1646). Tête à droite. H. BORBON.
CONDAEUS. PRIM. REGIAE. FRANC. DOMUS. PRINCEPS. 1611.
℞. Tête à droite. CAR. MAR. MONMORANTIA. PRINCIP. CON-
DAEI. UXOR. (Dupré.)

7 cent.

211 — **Madeleine de Créqui**, duchesse de Villeroi (1675).
Tête à droite. MAGDELENE. DE. CRÉQUY. MARÉCHALE. DE.
FRANCE. (Warin. 1651.) Sans revers.

10 cent.

212 — **Philippe Croppet**, échevin de Lyon (XVIIe siècle).
Tête à droite. PHIL. CROPPET. IN. ARCHIEP. LUG. ET. ABBAT.
ATHEN. JUDEX. (Warin. 1651.) Sans revers.

10 cent.

213 — **Charles Delorme** (1680). Tête à droite. CAROL.

DELORME. REG. CONS. ET. MED. ORDINARIOR. PRIM. AET. 1628. ℞. Esculape au milieu de personnages gisant à terre. DIIS. DEBITI. POTUERE. Ovale. (Dupré.)

5 cent. 1/2.

214 — **Jean Dumas**, seigneur de Lisle. Tête à gauche. JO. DUMAS. CHEVALIER. S'. DE. LISLE. ET. DE. RANNE-GON. CHAMBELL. DU. ROI. ℞. Guerrier à cheval. PRESIT. DECUS.

215 — **Antoine Ruzé**, marquis d'Effiat (1632). Tête à droite. A. RUZÉ. M. D'EFFIAT. ET. D. LONJUMEAU. Surint. des finances. ℞. D'Effiat remplaçant Atlas qui porte le globe. QUIDQUID. EST. JUSTUM. LEVE. EST. 1629. (Dupré.)

7 cent.

216 — **Jean II, marquis d'Épinay** (xvi° siècle). Tête à gauche. JEHAN. MARQUIS. D'EPINAI. COMTE. DE. DURESTAL. ℞. Lion au pied d'un arbre entouré d'un lierre. SIC. JUNCTI. SUMUS. AMORE. HOS. DUOS. CONSERVO. 1578. (ANT. FO. F.)

5 cent.

217 — **Jean de la Valette**, duc d'Épernon (1642). Tête à gauche. IO. LUD. DE. LA. VALETTE. DUX. ESPERN. PAR. ET. TO. PED. FR. PRAEFEC. ℞. Roc battu par la tempête. ADVERSIS. CLARIUS. (POL E. F. 1606.)

5 cent.

218 — *Le même* (1642). Tête à droite. J L. A. VALETTA. D. ESPERN. P. ET. TOT. GAL. PEDIT. PRAEF. ℞. Furie portant deux

torches, poursuivant un lion. INTACTUS. UTRINQUE (G. Dupré. F. 1609).

6 cent.

219 — Érasme Didier (1536). Tête à gauche. THN KPEIT-ΤΩ ΤΑ ΣΥΓΓΡΑΜΜΑΤΑ, etc. Sous le buste, 1510.

10 cent.

220 — Claude Expilli, procureur général à Grenoble. Tête à gauche, de trois quarts. CLAUD. EXPILLI. COM. CONSIST. S. D. PRAES. 1630. R⁄. Oiseau sur un arbre mort. NEC. GEMERE. CESSABIT. 1630. (OLIER.)

5 cent.

221 — Claude Expilli (1636). Tête à droite. CLAUD. EXPILLI. COM. CONSIST. S. D. PRAES. (DUPRÉ. 1636.) R⁄. Oiseau sur un arbre mort. NEC. GEMERE. CESSABIT.

5 cent.

222 — La belle Féronnière (XVIᵉ siècle). Silhouette à gauche, de trois quarts. Dorée.

6 cent.

223 — Joseph Ferrier (XVIIᵉ siècle). Tête à droite. JOSEPH. FERRERIUS. VICE. LEG. AVENION. A. D. MDCIX. R⁄. Vue de la ville d'Avignon. QUOS. DAT. AVEN. CLAVES. ROMA. DABIT. QUONDAM.

5 cent. 1/2.

224 — Michel Filleul de Blois (XVIIᵉ siècle.) Tête à gauche. MICHAEL. FILLEVL. N. V. BLAESES. (ΓΗΡΩΝ. ΕΙΙΙ. MOIPA. R⁄. Cabinet de travail. MINERVAE. ET. MVSIS. ∞ IƆC.

6 cent.

225 — **François**, fils aîné de François Ier (1536). Tête à gauche. FRAN. DELPHI. BRITA. DUX. Sans revers.

6 cent.

226 — **Claude Frère**, président du Parlement de Grenoble (XVIIe siècle). Tête à gauche. CLAUDE. FRÈRE. PR. PRAES. SEN. GRA. 1604. (OLIER. F.) ℞. Main arrosant un lis. FRUOR. DUM. FAVEO.

4 cent. 1/2.

227 — **Charles de Gonzague**, duc de Nevers et Rhetel (1637). Tête à droite. CAROLUS. DUX. NIVERNEN. ET. RHETE-LEN. P. FRANCIAE. (G. DUPRÉ. 1608). ℞. Soleil au zénith. NEC. RETROGRADIOR. NEC. DEVIO.

5 cent.

228 — **Claire de Gonzague**, duchesse de Montpensier (1503). Tête à droite. CLARA. DE. GONZ. COMITI. MONTEPEN-SERII. ET. DELPHINA. ALVIE. Sans revers.

6 cent.

229 — **Michel de l'Hôpital** (1573). Tête à gauche. M. OSP. FRAN. CANCEL. ℞. Tour battue par les flots. IMPAVIDUM. FERIENT. RUINAE. Dorée.

3 cent.

230 — **Henri de Longueville** (1663). Tête à gauche. H. D'ORLEAS. D. D. LOGUEVILLE. CO^{te}. SO^{rain}. D. NEUCHASTEL. AAGÉ. DE. 16 ans. ℞. Hercule étouffant les serpents. HEN-RICUS. AURELIUS. VIS. VERNA. HERCULIS.

6 cent.

231 — Louis Ier de Lorraine, cardinal de Guise (1578). Tête à gauche. Sans légende ni revers.

5 cent.

232 — Christine de Lorraine, grande-duchesse de Toscane (1637). Tête à droite. CHRISTIANA. PRINC. LOTH. MAG.
DUX. HETRUR. Sans revers. (Dupré.)

10 cent.

233 — *La même*. Tête à droite. CHRISTIANA. PRINC. LOTHAR.
MAG. DUX. HETR. 1592. ℞. Epi sorti de terre. FRUCTUM.
LUMEN. QUE. PUDORIS.

4 cent.

234 — Charles III de Lorraine (1608). Tête à gauche.
CAROLUS. D. G. LOTERINGE. DUX. ℞. Génie volant entre le
soleil et la mer. MEDIO. TUTISSIMUS. IBO.

4 cent.

235 — Antoine, duc de Lorraine, et **Renée de
Bourbon**, sa femme (1544). Tête à droite. ANTHONIUS.
D. G. LOTHAR. ET. BAR. DUX. ℞. Tête à gauche. RENATA. DE.
BORBOIA. LOTHAR. ET. BAR. DUCISSA.

4 cent.

236 — Eustache Lesueur (1655). Tête à droite. EUSTA-
CHIUS. LESUEUR. PICTOR. REGIUS. ℞. La Peinture assise devant un chevalet. ARTE. ET. LABORE.

237 — Jean Lhuillier (1588). Tête à droite. IO. HUILLIER.
REG. A. SEC. CONS. RAT. PRAES. URB. PRAEF. 1594. ℞. Lhuillier
présentant l'olivier à Henri IV. OMNIA. TUTA. VIDES.
MDXCIIII.

5 cent.

238 — **Charles d'Albert**, duc de Luynes (1621). Tête à droite. CH. DALBERT. DUC. DE. LUYNES. PAIR. CONEST. ET. D. FR. Sans revers. (Dupré.)

5 cent.

239 — *Le même*. Tête à droite. CAR. DALBERT. DUX. LUINENSIS. P. FRANC. Sans revers.

4 cent.

240 — **Pierre de Maridat**, conseiller au grand conseil (XVIIe siècle). Tête à droite. PETR. DE. MARIDAT. IN. MAGNO. CONSILIO. SENATOR. Sous le buste, BELLI. ℞. Ecusson et cimier. DEXTERA. DOMINI. FECIT. VIRTUTEM. 1655.

5 cent.

241 — **Anne de Maures**. Tête à droite. ANNE. DE. MAURES. WARIN. Sans revers.

9 cent.

242 — **Jules Mazarin** (1661). Tête à droite. JULIUS. CARDINALIS. MAZARINUS. ℞. Passage du Rhin. NUNC. ORBI. SERVIRE. LABOR. (WARIN.)

5 cent.

243 — *Le même*. Tête à droite. JULIUS. CARDINALIS. MAZARINUS. ℞. HINC. ORDO. HINC. COPIA. RERUM. Plomb.

5 cent.

244 — **Maurice de Saxe**, né à Dresde (1750). Tête à gauche. MAURITIUS. SAXO. GALL. MARESC. GEN. D. CURL. ET. SEM. (I. D. ET. F.) Victoire au milieu d'un monceau d'armes, écrivant sur un bouclier. BELGI. GALL. PROPUG. AUST. CAP. etc. Les sujets et la légende sont dorés.

5 cent.

245 — Pierre Jeannin. Tête à droite. PETRUS. JEANNIN. REG. CHRIST. A. SACRE. CONS. ET. SAC. ÆRA. PRAEF. G. DUPRÉ. 1618. Sans revers.

19 cent.

Autre semblable. 19 cent.

246 — Marie-Madeleine de Lafayette (1693). Tête à droite. M. M. PI^che. DE. LA. HA^gne. C . DE. LAFAYETTE. Sans revers.

6 cent.

247 — La même. Tête à droite. M. M. PI^che. DE. LA^gne. C^esse. DE. LAFAYETTE. Sans revers.

6 cent.

248 — Jean Lautens, conseiller à Lille. Tête à droite. JOHAN. LAUTENS. CONS. ET. ME. DE. COMP. A. LILLE. AET. 67. ℞. Trois anneaux enlacés. HAUTS. AL. IN. UN. 1598.

4 cent. 1/2.

249 — Marin Lepigny (XVIIe siècle). Tête à gauche. MARI-NUS. LEPIGNY. REG. CONS. ELUM. ECCL. ORD. CANON. ARCHID. ET. MEDIC. ROTH. DECANUS. 1631. AET. 67. (P. ROBINET. MEDI-CUS. FACIEBAT.) Sans revers.

10 cent.

250 — François, duc de Lesdiguières (1626). Tête à gau-che. FRANCISCUS. A. BONA. DESDIGUERIUS. AN. AE. 58. (G. DUPRÉ. F.) ℞. Deux mains jointes. IN. AETERNUM. MDC.

5 cent.

251 — Le même. Tête à droite. FRAN. A. BONA. D. DESDIGUIE-

8

RUS. P. ET. COMESTABILIS. 1623. ℞. Écusson couronné. GRADIENDO. ROBORE. FLOVET. (Dupré.) Dorée.

5 cent.

252 — **Antoine de Lomenie**, ambassadeur sous Henri IV. (1638). Tête à droite. ANT. DE. LOMENIE. CONSELLIER. ET. SECRÉTAIRE. D'ESTAT. MDCXXX. ℞. Mercure suivant le soleil. SIC. TE. MAGNE. SEQUEBOR.

5 cent.

253 — **Charles,** duc de Montansier (1690). Tête à droite. CH. DE. SAINT. MAURE. DUC. DE. MONTANSIER. G. D. M. G. LE DAUPHIN. 1677. Sans revers.

6 cent.

254 — **Anne de Montmorency** (1567). Tête à gauche. ANNAS. MOMMORANCIUS. MILITIÆ. GALLIÆ. PRÆF. ℞. Les trois grâces. PROVIDENTIA. DUCIS. FORTISS. AC. FELICISS.

5 cent.

255 — **Jean de Moulceau,** échevin de Lyon (XVIIᵉ siècle). Tête à droite. JO. DE. MOULCEAU. URBI. A. SECRETIS. ET. EXC. LUGD. (Warin, 1651.) Sans revers.

10 cent.

256 — **Jean Morelly,** auteur du Code de la nature (XVIIIᵉ siècle). Tête à droite. IO. MORELLUS. SCHOL. ERHEM. PARIS. MODERATOR. ℞. Ruche et fontaine. ROS. AENIUS. MEL. LEONE. Dans le champ, ANNAGRAMA.

7 cent.

257 — **Nicolas de Neufville,** maréchal de France (1685).

Tête à droite. NIC. DE. NEUFVILLE. MARCH. VILL. GALL. MARESC. REG. PERS. ET. LUGD. MODER. (Warin, 1651). Sans revers.

10 cent.

258 — **Charles d'Orléans,** duc d'Angoulême, troisième fils de François Ier (1545). Tête à droite. CAROLUS. ENGOLIS. DUX. ANNORUM. 14. 1535. Sans revers.

7 cent.

259 — **Gaston d'Orléans** (1660). Tête à droite. GASTON. DE. FRANCE. ONCLE. UNIQUE. DU. ROY. Sans revers.

260 — **Paul Pellicani,** né en Alsace (1556). Tête à gauche. PAULUS. PELLICANUS, AETATIS. S. XXX. A. MDLVI. ℞. Pélican. FILIORM. CARITATI.

5 cent.

261 — **Diane de Poitiers** (1566). Tête à gauche. DIANA. DUX. VALENTINORUM. CLARISSIMA. ℞. Diane terrassant l'Amour. OMNIUM. VICTOREM. VICI.

5 cent.

262 — **André Rageau,** secrétaire de Henri II (xvie siècle). Tête à gauche. AND. RAGELL. EXACT. REGIS. EXTRAORD. ℞. Homme ramant et regardant le soleil. ALTUM. CONSCENDIMUS. ALTO. 1555.

6 cent.

263 — **Armand de Rancé** (1700). Tête à droite. J. ARMAND. ABB. DE. LA. TRAPPE. 1675. EX. IDEA. ℞. A. TE. QUID. VOLVI. SUPER. TERRAM. Exergue, Ps. 72.

5 cent.

264 — Alphonse de Richelieu, cardinal de Lyon (1653). Tête à droite. ALPHONSUS. S. R. E. CARDINALIS. LUG-DUNENSIS. (Warin, 1615.) Sans revers.

9 cent.

265 — Armand de Richelieu (1642). Tête à droite. ARMAND. JOAN. CAR. DUX. DE. RICHELIEU. ℞. HOC. DUCE. TUTA. 1634. (Dupré.)

3 cent.

266 — *Le même.* Tête à droite. ARMANUS. IOAN. CARD. DE. RICHELIEU. (Warin). ℞. La terre entourée du zodiaque. MENS. SIDERA. VOLVIT. 1631.

6 cent.

267 — *Le même.* Tête à droite. ARMANDUS. JOANNES. CARDINALIS. DE. RICHELIEU. Sans revers.

7 cent.

268 — *Le même.* Tête à droite. ARMANDUS. JOANNES. CARDINALIS. DE. RICHELIEU. ℞. TANDEM. VICTA. SEQUOR. (Warin, 1630.)

8 cent.

269 — Henri de Rohan, duc et pair (1638). Tête à gauche. HENRI. ROH. DE. FR. PAR. ARM. REG. MARC. SOB. NAV. ET. SCOT. PR. ℞. Tronc d'arbre et rejetons. ET. ADHUC. SPES. DURAT. AVORUM. Dupré.

4 cent.

270 — Anne de Rohan, poéte (1646). Tête à droite. ANNE. DE. ROHAN. PRINCESSE. DE. GUÉMENÉ. (Warin). ℞. Aigle s'approchant du soleil. SPES. DURAT. AVORUM. 1638.

5 cent. 1/3.

271 — Jacques de Sainte-Beuve (1677). Tête à droite. JACOB. DE. SAINTE-BEUVE. DOCT. VERBO. (Bertinęt, 1677). Sans revers.

8 cent.

272 — Pierre Seguier (1672). Tête à droite. PETRUS. SEGUIER. EQUES. FRANCIAE. NOMOPHYLAX. (Dupré). Sans revers.

7 cent.

273 — *Le même.* Tête à droite. PETRUS. SEGUIER. CANCELLARIUS. Sans revers. Plomb.

8 cent.

274 — Nicolas Brulart, de Sillery (1624). Tête à droite. NI. BRULARTUS. A. SILLERI. FRANC. ET. NAVAR. CANCEL. (G. DUPRÉ F.) ℞. Phœbus sur son char parcourant le globe. ACTUS. IN. ORBEM.

7 cent.

275 — Jean de Talaru. Tête à droite. D. JOANNES. DE. TA-LARU. 1518. ℞. Ange soutenant un écusson. ACCELERA UT ERUAS. ME. 1518.

5 cent.

276 — Jacques Talon, avocat général au Parlement (1648). Tête à gauche. JAC. TALAEUS. ENSUPR. GALLIAR. CUR. REGIS. ADVOC. GENERAL. ℞. Double tête sur une base, l'une celle de Mercure, l'autre celle de Minerve.

4 cent.

277 — Christophe de Thou (1582). Tête à droite. CHRIS-TOPHORUS. THUANUS. P. P. (J. A. PRIMA). ℞. Abeilles et ru-

ches. UT. PROSINT. ALIIS. NON. EST. SIBI. (Jacques Prima-
vera).

6 cent.

278 — **Jean,** maréchal de Toyras (1636). Tête à droite.
LE. MARESCHAL. DE. TOYRAS. (Guil. Dupré f. 1614.) ℞. Le
soleil dans les nuages. ADVERSA. CORONANT.

6 cent.

279 — **Henri,** vicomte de Turenne (1675). Tête à gauche.
PR. HENR. A. TUR. AM. VIC. TUREN. (HAMERANUS). ℞. Trois
figures debout. VIRTUS. HONOS. AEQUITAS.

5 cent.

280 — **Charles de Valois,** fils de Charles IX et de Marie
Touchet (1650). Tête à droite. CARO. VALESIUS. CAROLI.
NONI. FILIUS. 1620. ℞. Phénix. RARA. CINERE. RARAS.

5 cent.

281 — **Louise de Valois** (1532), **Marguerite de Valois,**
sa fille (1549). Tête à droite. LOYSE. DUCHESSE. DE. VALOIS.
COMTESSE. D'ANGOLESME. ℞. Tête à droite. MARGUERITE.
FILLE. DE. CHARLES. COMTE. D'ANGOLESME.

7 cent.

282 — **Heroard,** seigneur de Vaugrigneuse (1628). Tête
à droite, de trois quarts. L. HEROARD. SEIGNEUR. DE. VAUGRI-
GNEUSE. PREMIER. MÉDECIN. DU ROI. ℞. Écusson soutenu
par deux lions. JOVE. DIGNUS. APOLLINI. ARTE. etc. Arg.

4 cent.

283 — **Camille de Villeroi** (1693). Tête à droite. CAM. DE. NEUFVILLE. ABB. UTHAN. PROREX. LUGDUNENSIS. (WARIN, 1651.) Sans revers.

10 cent.

284 — **Jacques de Vitry.** Tête à gauche. D. JACOBUS. DE. VITRY. 1515. ℞. Un ange supportant un écusson. NON. CONFUNDAS. ME. AL. EXPECTATIONE. MEA.

5 cent.

285 — **Simon Vouet.** (Famille de) 1649. Quatre têtes en regard. FRANCISCA. IOAN. ANGELICA. LAURENTIUS. LUDOVICUS. RENATUS. VOUET, etc. Sans revers.

6 cent.

ESPAGNE

286 — **Alphonse V**, roi d'Aragon (1458). Tête à droite. DIVUS. ALPHONSUS. REX. TRIUMPHATOR. ET. PACIFICUS. MCCCCXLVIIII. Casque et couronne. ℞. Aigle au-dessus d'un chevreuil abattu et entouré d'oiseaux de proie. LIBERALITAS. AUGUSTA. PISANI. PICTORIS. OPUS.

11 cent.

287 — *Le Même.* Tête à droite. ALFONSUS. REX. REGIBUS. IMPERANS. ET. BELLORUM. VICTOR. Couronne dans le champ. ℞. Mars et Bellone couronnant Alphonse. MARS. ET. BELLONA. CORONANT. VICTOREM. REGNI. A l'exergue, CHRISTOPHORUS. HIERIMIA.

7 cent.

288 — **Henri IV**, roi de Castille et Léon (1474). HENRI-
CUS. QUARTUS. DEI. GRATIA. REX. CASTELLAE. ET. LEGIONIS.
Le roi assis sur un trône, à ses pieds un lion. ℞. La
même légende. Ecusson écartelé de Castille et Léon.

9 cent.

289 — **Philippe II** (1598). Tête à droite. PHILIPPUS. II. D.
G. REX. (JAC. TRICI. F.) ℞. Deux mains tenant un globe
avec un lien qui se romp. SIC. ERAT. IN. FATIS.

3 cent.

290 — *Le même.* Tête à gauche. PHILIPPUS D. G. HISPANIARUM. ET.
ANGLIE. REX. ℞. Guerrière frappant une hydre. HINC. VIGI-
LO. 1550.

4 cent.

291 — *Le même.* Tête à gauche. PHILIPPUS. HISPANIAR. ET.
NOVI. ORBIS. OCCIDUI. REX. ℞. La Paix brûlant un amas
d'armes près d'un temple. PACE. TERRA. MARIQ. COMPOSITA.
MCLIV.

4 cent.

292 — *Le même.* Tête à gauche. PHILIPPUS. AUST. CAROLI. V.
CAES. F. ℞. Hercule entre le Vice et la Vertu. COLIT.
ARDUA. VIRTUS.

8 cent.

293 — *Le même.* Tête à droite. PHILIPPUS. REX. PRINC. HISP.
AET. S. AN. XXVIII. ℞. Phoebus sur un char. JAM. ILLUSTRA-
BIT. OMNIA.

7 cent.

294 — *Le même*. Tête à gauche. PHILIPPUS. D. G. ET. CAR. V. AUG. PAT. BENEGNIT. HISP. REX. ℞. Philippe portant le monde. UT. QUIESCAT. ATLAS.

4 cent.

295 — *Le même*. Tête à droite. ℞. Agneau et croix. Sans légende.

4 cent.

296 — **Philippe IV**, roi d'Espagne (1665). Tête à droite. PHILIPPUS. IIII. HISPANIAE. REX. ℞. Phœbus sur son char au-dessus du globe. LUSTRAT. ET. FORET.

6 cent.

297 — *Le Même*. Tête à gauche. PHILIPPO. QUARTO. MAGNO. PIO. PACIS. DATORI. ℞. Colonnes enlacées. LAUROS. NEC. LILIA. SPINAE. NON. JAM. ANIMANT, etc.

5 cent.

298 — **Antoine Alvarez**. duc d'Albe (1670). Tête à droite. ANT. ALVARES. DE. TOL. ALB. DUX. ET. IN. R. N. ℞. Femme assise près d'une colonne, tenant un flambeau renversé. UBI. QUE. TUTA. 1625.

5 cent.

299 — **Ferdinand**, duc d'Albe (1582). Tête à droite. FERDIN. TOLET. ALBA. DUX, BELG. PRAEF. 1571. ℞. Lion, cigogne et flambeau. VITAE. USUS. DEO. ET. REGI.

4 cent.

300 — *Le Même*. Tête à gauche. FERNANDUS. TOLETO. DUX. A. ALBE. (TIZ.) ℞. Deux. génies portant des couronnes. Argent.

5 cent.

301 — **Alphonse d'Avalos**. Mis du Guast (1546). Tête à gauche. ALF. DAVL. MAR. GU. CAR. ,G. CAR. V. IMP. Sans revers.

6 cent.

302 — *Le même*. Tête à droite. ALFON. AVAL. MAR. GUAS. CAP. GEN. CAR. IMP. ℞. Captifs et palmier. AFRICA. CAPTA. C. C.

3 cent. 1/2.

303 — **Don Inigo Lopez de Mendoza** (1458). Buste à droite. ENEGUS. LOPEZ. MENDOZA. COMES. TENDILLAE. MARCHIO. MANDRIARENSIUM. AET. AN. LXX. Sans revers.

11 cent.

304 — **Gaspard Olivarès** (1643). Tête à gauche. GASP. GUZMAN. DUCI. SAN. LUC. C. OLIVAR. Sous le buste. CAR. OLTO. Sans revers.

4 cent.

305 — **Pierre Gyron**, duc d'Ossuna (1624). Tête à droite. PETRUS. GYRON. OSS. DUX. ET. URENIAE. COM. ℞. Cheval en liberté. PRIMUS. ET. IRE. VIAM.

5 cent.

306 — **Louis de Portocarrero** (XXVIIe siècle). Tête à gauche. Longue légende commencant par : LUDOV. CARD. PORTO. CARRERO, etc. Signé. JO. HAMERANUS. F. MDCLXXVIII. ℞. Victoire sur une colonne. HAC. DUCE. CUNCTA. PLACENT.

5 cent.

307 — **Beatrice de Rojas**. Tête à gauche. D. BEATRIX. A. ROJAS. ET. CASTRO. Sans revers.

5 cent. 1/2.

ITALIE.

PAPES

308 — **Urbain III** (Hubert Revelli) (1187). Tête à gauche. URBANUS. III. PONT. MAX. R̸. Saint Pierre. S. PETRUS. CLAVES. REGNI. COELORUM.

4 cent.

309 — **Honoré IV** (Jacques Savelli) (1287). Tête à droite. HONORIUS. IIII. PONT. MAX. Saint Pierre. REGNI. COELORUM. S. PETRUS. CLAVES.

4 cent.

310 — **Martin V** (Othon Colonna) (1431). Tête à gauche. MARTINUS. V. COLUMNA. PONT. MAX. R̸. L'Équité. OPTIMO. PONTIFICI. ROMA.

4 cent.

311 — **Pie II** (Eneas Sylvio Piccolomini) (1464). Tête à gauche. ENEAS. PIUS. SENENSIS. PAPA. SECUNDUS. R̸. Pélican s'ouvrant le sein. DE. SANGUINE. NATOS. ALES. AT. HEC. CORDIS. PAVI. (André de Crémone).

6 cent.

312 — *Le Même*. Tête à gauche. PIUS. PAPA. SECUNDUS. AENEAS. SENENSIS. R̸. Écusson et tiare. MCCCCLX. PONT. ANNO. SECUNDO.

6 cent.

313 — **Paul II** (Pierre Barbo) (1471). Tête à droite. PAULO.

VENETO. PAPA. II. ANNO. PUBLICATIONIS. JUBILAEI. ROMA. Ovale. Sans revers.

8 cent.

314 — *Le même*. Tête à droite. PAULO. VENETO. PAPA. II. ITALICE. PACIS. FUNDATORI. ROMA. Sans revers. Ovale.

4 cent.

315 — *Le même*. Tête à gauche. PAULUS. VENETUS. PAPA. Ŗ. La Sagesse et des enfants. LETITIA. SCHOLASTICA. A. 60.

3 cent.

316 — *Le même*. Tête à gauche. PAULUS. II. PONT. MAX. Ŗ. Monument. HAS. AEDES. CONDIDIT. ANNO. CHRISTI. MCCCCLXV.

3 cent.

317 — *Le même*. Tête à droite. PAULO. VENETO. PAPA. II. ITALICE. PACIS. FUNDATORI. ROMA. Ŗ. Écusson et tiare. Ovale.

4 cent.

318 — *Le même*. Tête à gauche. PAULUS. II. VENETUS. PONT. MAX. Ŗ. Audience du pape. AUDIENTIA. PUBLICA. PONT. MAX.

3 cent.

319 — *Le même*. Tête à gauche. PAULUS. II. VENETUS. PONT. MAX. Ŗ. Écusson et tiare. HANC. ARCEM. CONDIDIT. ANNO. CHRISTI. MCCCCLXV.

3 cent.

320 — *Le même*. 1471. Tête à gauche. PETRUS. BARBUS. CARDINALIS. S. V. Ŗ. Écusson et chapeau de cardinal. HAS. AEDES. CONDIDIT. ANNO. CHRISTI. MCCCCLV.

3 cent.

[illegible] — **Sixte IV**. 1484. Tête à gauche. SIXTUS. IIII. PON. MAX.
SACRI. CULT. ℞. Figure debout. PARCERE. SUBJECTIS. ET.
DEBELLARE. SUPERBOS.. ETC. MCCCCLXXXI.

> 6 cent.

[illegible] — *Le même*. Tête à gauche. SIXTUS IIII. PONTIFEX. MAXI-
MUS. URBE. RESTAURATA. ℞. Audience du pape. (OPUS. VIC-
TORIS. CAMELIO. VE.)

> 5 cent.

[illegible] — *Le même* (François de la Rovère). Tête à gauche.
SIXT. IIII. PONT. MAX. SACRI. CULTOR. ℞. Anges couronnant
SIXIS. AETERNA. DABUNTUR. OLYMPO. HIC. DAMUS. IN. TERRIS.

> 4 cent.

[illegible] — *Le même*. Tête à gauche. SIXTUS. IIII. PONT. MAX. SACRI.
CULT. ℞. PONT. CURA. RERUM. PUBLICARUM.

> 4 cent.

[illegible] — **Calixte III** (Alphonse Borgia) 1488. Tête à gauche.
CALIXTUS. III. PONT. MAX. ℞. Flotte sous voiles. HOC. VOVI.
DEO, UT. FIDEI. HOSTES. PERDEREM. ELEXIT. ME. M. P.

> 4 cent.

[illegible] — **Innocent VIII** (J.-B. Libo). 1492. Tête à gauche.
INNOCENTII. JANUENSIS. VIII. PONT. MAX. ℞. Trois figures.
JUSTITIA. PAX. COPIA.

> 8 cent.

[illegible] — **Alexandre VI** (Borgia). 1503. Tête à gauche. ALES-
SANDRO. VI. PONT. MAX. ℞. Pape murant une porte. RES-
TAURAVIT. ET. CLAUSIT. ANNO. JUB. MD.

> 4 cent.

328 — *Le Même*. Tête à gauche. ALEXANDER. VI. PONT. MAX.
℞. Couronnement du pape. CORONAT.

5 cent.

329 — **Jules II**. 1513. Tête à droite. JULIANUS. EPS. OSTIEN.
CAR. S. P. ADVINCULA. ℞. Tête à droite. CLEMENT. DE.
RUVERE. EPS. MIMATEN.

6 cent.

330 — *Le Même*. Tête à gauche. JULIUS. LIGUR. PAPA. SECUN-
DUS. ℞. Port. PORTUS. GENIUM. CELIAE. Dorée.

3 cent.

331 — *Le Même*. Tête à droite. JULIUS. LIGUR. PAPA. SECUNDUS,
MCCCCCVI. ℞. Saint Pierre. TEMPLI PETRI. RESTAURACIO. VA-
TICANUS. M.

5 cent.

332 — **Jules II**, Julien de la Rovère (1513). Tête à gauche.
JULIUS. SECUNDUS. PONT. MAX. ℞. Le Vatican. VIA. JUL. III.
ADIT. LON. M. ALTI. LXX. P. VATICANUS. M.

4 cent. 1/2

333 — **Léon X** (1521). Tête à gauche. LEO. X. PONT. MAX.
Femme assise portant une renommée. (C. P.)

3 cent.

334 — **Léon X**, Jean de Médicis (1521). Tête à gauche. LEO.
X. PONT. MAX. ℞. La Religion brûlant des armes. SCUTA.
COBURET. IGNI.

4 cent.

335 — **Adrien VI**, Adrien Boyers, né à Utrecht, en 1459, précepteur de Charles-Quint (1523). Tête à gauche. M. ADRIAN. VAN. BOI. GHEBOREN. PARS. VA. ROMEN. 1. UTRECHT GHEBOREN. Sans revers.

8 cent.

336 — **Paul III**, Alexandre Farnèse (1549). Tête à droite. PONT. MAX. PAULUS. III. ℞. Griffon et serpent.

6 cent.

337 — **Paul III** (1549). Tête à droite. PAULUS. III. PONT. MAX. AN. XVI. Aigle, Jupiter arrosant des lis. EVPAINEI ΦIPNH ΞHNOΣ.

4 cent.

338 — *Le même*. Tête à droite. PAULUS. III. PONT. MAX. AN. XVI. ℞. Vue de Rome. ALMA. ROMA.

4 cent.

Même médaille. 4 cent.

339 — *Le même*. Femme assise. SECURITAS. P. R. ℞. PAULUS. III. PONT. MAX. ANNQ. XIV. APXIEPEI TONIANI.

3 cent.

340 — **Marcel II**, né à Fano (1555). Tête à gauche. MAR-CELLUS. II. PONT. MAX. ℞. L'Abondance, la Justice et la Paix. FIAT. PAX. IN. VIRTUTE. TUA. MEMORIAE. OPTIMI. PONT.

5 cent.

341 — **Jules III**, Jean-Marie Giocchi (1555). Tête à droite.

IO. MA. DE. MONTE. ARCHIEP. SIPONT. GUBER. BONO. ℞. Femme tenant des balances.

7 cent.

342 — *Le même*. Tête à droite. JULIUS. III. PONT. MAX. AN. JU-BILEI. ℞. Femme tenant un épi. HILARITAS. PUBLICA.

4 cent.

343 — **Pie IV**, Jean-Ange Medici (1565). Tête à droite. PIUS. IIII. PON. MAX. OP. ℞. Tête d'ange. VIA. PIA. ROMA.

2 cent. 1/2.

344 — **Grégoire XIII** (1585). Tête à droite. GREGORIUS. XIII. PONT. OP. MAX. (JAC. HOL. F.) Sans revers.

7 cent.

345 — **Grégoire XIII,** Buoncompagni (1585). Tête à droite. GREGORIUS. XIII. ANNO. JUBILAEI. (ET. DE. PARM.) ℞. Pape démolissant la porte de Saint-Pierre. DOMUS. DEI. ET. PORTA. CAELI. 1575. Plomb.

4 cent.

346 — **Grégoire XIII** (1585). Tête à gauche. GREGORIUS. XIII. AN. PONT. X. SOCIETATIS. JESU. GENERALE. COLLEGIUM. EXTRUXIT. ET NOTAVIT. ℞. La Religion et quatre autres figures allégoriques. BONAS. ARTES. ALIT. ET. VERAE. RELI-GIONI. SUBJICIT. GREGORIUS.

6 cent. 1/2.

347. — **Léon XI,** Alexandre de Médicis (1605). Tête à gau-che. LEO. XI. PONT. MAX. ANNO. 1. ℞. Lion couché, Abeil-les. DE. FORTI. DULCEDO. MDCV.

3 cent.

348 — Urbain VIII, Matthieu Barberini (1644). Tête à droite. URBANUS. VIII. PONT. MAX. AN. XVII. MDCXXXX. ℞. Monument. AD. AEDIUM. PONTIFICUM SECURITATEM. (G. MOL.)

4 cent.

349 — *Le même*. Tête à droite. URBANUS. VIII. PON. MAX. AN. XV. (GASP. MOL.) ℞. Le Capitole. SUB. URBANO. RECESSU. CONSTRUCTA. ROMA.

4 cent.

350 — Innocent X (J.-B. Pamphili) 1655. Tête à gauche. INNOCENTIUS. X. PONT. MAX. AN. VIIII (G. M.) ℞. Obélisque et fontaine. ABLUTO. AQUA. VIRGINE. AGONALIUM. CRUORE. Argent.

4 cent.

351 — Alexandre VII (Fabio Chigi) 1667. Tête à droite. ALEXANDER. VII. P. M. PIUS. JUST. OPT. SENEN. PATR. GENTE. CHIUSIUS. MDCLXIII. (TRAVANI.) Sans revers.

9 cent.

352 — Clément X (1676). Tête à droite. CLEMENS. X. PONT. MAX. AN. V. (IO. HAMERANUS.) ℞. Vue de Rome, ange sonnant de la trompette. FLUENT. ADEUS. OMNES. GENTES. (Plomb.)

4 cent.

353 — *Le même*. Tête à droite. CLEMENS. X. PONT. MAX. AN. IIII. Exergue : IO. HAMERANUS. ℞. Cérès et moissonneurs. UT. ABUNDANTIUS. HABEANT.

3 cent.

354 — *Le même*. Tête à gauche. CLEMENS. X. PONT. MAX.

AN. IIII. Sous le buste : LUCENT. F. ℞. Saint Pierre et saint Paul. INTERCEDITE PRO. NOBIS.

3 cent.

355 — *Le même.* Tête à droite. CLEMENS. X. PONT. MAX. AN. II. ℞. Adoration de la croix. DECOR. EJUS. GLORIA. SANCTORUM. (I. H. F.) Hamerani. Dorée.

4 cent.

356 — *Le même.* Tête à gauche. CLEMENS. X. P. M. A. I. (A. H.) ℞. La Vierge. CUM. ME. LAUDARENT. SIMUL. ASTRA. MATUTINA.

4 cent.

357 — **Innocent XI** (Benoît Odescalchi) 1689. Tête à droite. INNOC. XI. PONT. MAX. A. V. (HAMERANUS. F.) ℞. Saint Michel terrassant le dragon. IN. COELO. SEMPER. ASSISTITUR.

3 cent. et 1/2.

358 — **Alexandre VIII** (Otthoboni) 1691. Tête à gauche. ALEXANDER. VIII. OTTHOBONUS. VENETUS. PONT. MAX. ℞. Tombeau d'Alexandre VIII. PETRUS. OTTHOBONUS. S. R. E. VICECAN. PATRUO. MAG. BENEMERENTI. POSUI. MDCC. A l'exergue : COM. CAROLUS. II. S. MARTIN. INVEN.

7 cent.

359. — **Innocent XII** (Ant. Pignatelli). 1700. Tête à droite. INNOCENT. XII. PONT. MAX. A. IV. ℞. Un palais. JUSTITIAE. ET. PIETATI. CIƆIƆCVC.

3 cent.

360 — *Le même.* Tête à droite. INNOCENT. XII. PONT. MAX.

(HAMERANUS. F.) ℞. La sainte Vierge et l'Enfant Jésus.
SUB. TUUM. PRAESIDIUM. 1699.

4 cent.

381 — **Benoît XIII** (Vincent Orsini) 1730. Tête à droite.
FR. VINC. M. PRAED. CARD. URSINO. EP. POET. ARCHIEP. B. S. P.
Q. B. ℞. Saint Benoît dans le ciel ; ange offrant la tiare
à Benoît XIH. SECULI. QUINTI. FELICITAS.

DOGES DE VENISE

382 — **Christophe Mauro**, doge de Venise (1471). Tête
à gauche. CHRISTOPHORUS. MAURO. DUX. (ANT.) ℞. Dans une
couronne. RELIGIONIS. ET. JUSTITIAE. CULTOR.

4 cent.

383 — **Nicolas Marcello**, doge de Venise (1474). Tête à
gauche. NICOLAUS. MARCELLUS. DUX. VENET. AETATIS. SUE.
LXXVI. ℞. M. E. POPULI. PIETAS. ET. OPES. EXPONERE. etc.
MCCCCLXXIII.

5 cent.

384 — **Jean Mocenigo**, doge (1485). Tête à gauche. IOANNES.
MOCENIGO. DUX. Sans revers.

8 cent.

385 — **Augustin Barbarigo**, doge de Venise (1501). Tête
de face. AUGUSTUS. BARBADICUS. VENETORUM. DUX. ℞. Doge
et lion de saint Marc. OPUS. SPERANDEI.

9 cent.

386 — **Léonard Lauredan** (1521). Tête à gauche. LEONAR-
BUS. LAUREDAN. DUX. VENETIAR. ℞. OPTIMI PRINCIPIS. ME-
MORIAE.

4 cent.

367 — **André Gritti**, doge (1538). Tête à gauche. ANDREAS. GRITTI. DUX. VENETIAR. MDXXIII. ℞. Église. DIVI. FRANCISCI. MDXXXIIII.

3 cent.

368 — *Le même*. Tête à droite. ANDREAS. GRITTI VENET. PRIN. AN. LXXXII. ℞. Femme debout sur une sphère, tenant un gouvernail et une corne d'abondance. DEI. OP. MAX. OPE. (J. ZACCHUS. F.).

6 cent.

369 — **Gradenico**. Tête d'homme coiffée du mortier. ℞. Gravé en creux. ANDREAS. GRADENICUS.

4 cent.

370 — **André Doria**, (Leone Leoni) (1560). Tête à droite. ANDREAS. DORIA. P. P. ℞. Tête à droite, entourée de chaînes.

4 cent.

371 — *Le même*. Tête à droite. ANDREAS. DORIA. P. P. ℞. Galère.

4 cent.

372 — **Jérôme Priuli**, doge de Venise (1567). Tête à droite. HERONNIMUS. PRIULI. VEN. DUX. ℞. P. AN. VIII. ME. VI., etc.

4 cent.

373 — **Marin Grimani**, doge (1606). Tête à droite. MARIN. GRIMANUS. DUX. VENETIAR. ℞. Lion de saint Marc. SYDERA. CORDIS. 1595.

5 cent.

374 — **Marc Antoine Memmo** (1615). Tête à droite. MARCUS. ANTONIUS. MEMMO. DUX. VENETIARUM. Sans revers. (Dupré).

9 cent.

575 — **Marc Antoine Giustiniani**, doge de Venise (1688). Doge recevant des Turcs à merci. PARCERE. SUBJECTIS. ET. DEBELLARE. SUPERBOS. SCIT. NOBILIS. IRA. LEONIS. ℞. Lion de saint Marc brisant des armes. EX. UTROQUE. VICTOR. Ovale.

7 cent.

DUCS DE MILAN

575 bis. — **Philippus-Maria Visconti** (1447). Tête à dr. PHILIPPUS. MARIA. ANGLUS. DUX. MEDIOLANI, etc. Sans revers. Pisan.

9 cent.

576 — **François-Alexandre Sforce** (1466). Tête à gauche. FRANCISCUS. SFORTIA. VICECOMES. MARCHIO. ET. COMES. AC. CREMONE. DUX. ℞. Tête de cheval, épée et livre ouvert. OPUS. PISANI. PICTORIS.

8 cent.

577 — **François Sforce** (XVe siècle), **Galeas Marie Sforce** (1476). Tête à droite. FR. SFORTIA. VICECOMES. MLI. DUX. III. BELLI. PATER. ET. PACIS. AUTOR. MCCCCLVI. (V. F.) Tête à gauche. GALEAS. MARIA. SFORTIA. VICE-COMES. FR. SFORTIAE, etc.

4 cent.

578 — **Galeas Màrie Sforce** (1476). Tête à droite. GALEAS. M. SF. VICE. COS. DUX. MLI. NV. ℞. Écusson, G. Z. M. CO. AC. JANVE. D. Teston d'argent.

3 cent.

579 — *Le même.* Tête à gauche. GALEAZZO. SFORZA. DUCA. DI. MILANO. Méd. long. Sans revers.

6 cent.

380 — **Louis-Marie Sforce**, dit le Maure (1510). Tête à droite. LUDOVICUS. MA. SF. VI. CO. DUX. BARI. DUC. GUBER. ℞. Audience, port dans le fond. OPTIMO. CONSILIO. SINE. ARMIS. RESTITUTA. Sur le trône, P. DE. CRETO.

4 cent.

PESARO

381 — **Camille Sforce,** d'Aragon (1569). Tête à gauche, de trois quarts. CAMILLA. SFOR. DE. ARAGONIA. MATRONÁB. PUDICISSIMA. PISAERI. DOMINA. ℞. Femme, bélier et licorne. SIC. ITUR. AD. ASTRA. OPUS. SPERANDUI.

8 cent.

382 — **Constance Sforce** (1483). Buste à gauche. CONSTAN-TIUS. SFORTIA. DE. ARAGONIA, etc. ℞. INEXPUGNABILE. CASTEL-LUM. CONSTANTIUM. PISAURENSI, etc., MCCCCLXXX. Château fort.

8 cent.

FORLI

283 — **Octavien Sforce**. Tête à gauche. OCTAVIANUS. SF. DE. RIARIO. FORLIVII. IMOLÆ. Q. D. ℞. Cavalier l'épée en main.

7 cent.

384 — **Catherine Sforce** (XVIᵉ siècle). Tête à gauche. CA-TARINA. SFOR. VICECO. DE. RIARIO. IMOLAE. FORLI. VI. DUA. ℞. Paris. TIBI. ET. VIRTUTI.

6 cent.

385 — *La même*. Tête à gauche. CATHARINA. SF. DE. RIARIO. D. FORLI. VII. SMOLAE. QÜE. ℞. Femme dans un char à deux chevaux ailés. VICTORIAM. FAMA. SEGNETUR.

7 cent.

DUCS DE SAVOIE

386 — **Philibert II** de Savoie (1504). Têtes en regard du duc de Savoie et de sa femme. PHILIBERTUS. DUX. SABAUDIE. VIII. MARGU. MAXI. CAE. ANG. F. D. S. ℞. Écusson. FERT. GLORIA, etc.

10 cent.

387 — **Marguerite de France**, duchesse de Savoie (1574). Tête à gauche. MARGARITA. A. FRANCIA. EMAN. PHIL. ALLOB. DUCIS. CONJUX. ℞. Coffret fermé. DIV. POST. FATA. NITESCET.

5 cent.

388 — *La même*. Tête à gauche. MARGARITA. DE. FRANTIA. D. SABAUDIAE. Sans revers.

5 cent.

389 — *La même*. Tête à gauche. MARGARITA. DE. FRANTIA. D. SABAUDIAE. Même tête et même lég.

5 cent.

390 — **Christine de France** (1663). Tête à droite. CHRISTIA. A. FRANCIA. DUCISSA. SAB. RÉG. CYP. (G. DUPRÉ. F.) 1635.

6 cent.

391 — *La même*. Tête à droite. CHRISTIA. A. FRANCIA. DUCISSA. SAB. REG. CYP. (G. DUPRÉ.) ℞. Ruban autour d'une masse d'armes. PLUS. DE. FERMETÉ. QUE. D'ÉCLAT.

5 cent.

392 — *La même*. Tête à gauche. CHRISTIA. A. FRANCIA. DUCISSA. SAB. REG. CYP. (A. DUPRÉ. 1637.) Sans revers.

10 cent.

SPINOLA

393 — **Jean-Baptiste Spinola** (XVIe siècle): Tête à droite.
JOAN. BAPTISTA. SPINOL. A. NAT. A. XXV. ℞ Prométhée allu-
mant sa torche au soleil. QUID. NIMIS. MDLXII.

4 cent.

394 — *Le même*. Tête à gauche. BAP. SPINOLA. DE. SENAVALLIS,
℞. Une galère.

4 cent. 1/2.

BOLOGN . — BENTIVOGLIO

394 *bis* — **Jean II** Bentivoglio (1508). Tête à droite. IOAN-
NES. BENTIVOLUS. II. BONONIENSIS. ℞. MAXIMILIANI. IMPERATO-
RIS. MUNUS. MCCCCLXXXXIIII.

3 cent.

395 — *Le même*. Buste à droite. IOANNES. BENTIVOGLIO. II. HAN-
NIBALIS. FILIUS. EQUES. AC. COMES. PATRIAE. PRINCEPS. AC.
LIBERTATIS. COLUMEN. ℞. Bentivoglio à cheval, derrière
lui un homme d'armes. OPUS. SPERANDEI,

9 cent.

RIMINI

396 — **Sigismond Pandolphe Malatesta** (1468).
Tête à gauche. ℞. Génie funèbre. OPUS. SPERANDEI.
Plomb.

8 cent. 1/2.

397 — *Le même*. Tête à gauche. SIGISMONDUS. P. D. MALATESTIS.
S. R. ECL. C. GENERALIS. ℞. Femme assise soutenant une
colonne brisée. MCCCCXLVI.

398 — *Le même*. Tête à gauche. SIGISMUNDUS. PANDULFUS. MA-LATESTA. ℟. Main tenant des verges. PONTIFICII. EXERCI-TUS. IMP. MCCCCXLVII.

3 cent.

399 — *Le même*. Tête à droite. SIGISMUNDUS. PANDULFUS. DE. MALATESTIS. ARIMINI. FANI. Sans revers.

9 cent.

400 — *Le même*. SIGISMONDUS. PANDULFUS. DE. MALATESTIS. S. RO. ECLESIAE. C. GENERALIS. ℟. Femme assise sur un siége, tenant une colonne brisée. MCCCCXLVI.

4 cent.

401 — *Le même*. SIGISMUNDUS. PANDULFUS. DE. MALATESTIS. ARI-MINI. FANI. D. ℟. Guerrier visière baissée, écusson et ci-mier. OPUS. PISANI. PICTORIS.

9 cent.

402 — *Le même*. Tête à droite. SIGISMUNDUS. DE. MALATESTIS. ARIMINI, etc. ℟. Sigismond à cheval, château portant l'é-cusson des Malateste. MCCCCXLV.

10 cent.

403 — *Le même*. Tête à gauche. SIGISMUNDUS. PANDULFUS. MA-LATESTA. PAN. FIL. ℟. Forteresse. CASTELLUM. SISMUNDUM. ARMINENSE. MCCCCXLVI.

8 cent.

404 — *Le même*. Tête à gauche. SIGISMUNDUS. P. D. MALATESTIS. S. R. ECL. C. GENERALIS. ℟. Cimier et écusson. O. M. D. P. V. MCCCCXLVI.

4 cent.

405 — *Le même*. Tête à gauche. SIGISMUNDUS. MALATESTA. PAN. F. ℟. Dôme. PRAECL. ARIMINI. TEMPLUM. AN. GRATIAE. V. F. MCCCCL.

4 cent.

[Notes manuscrites en bas de page :]

SIGISMVNDVS PANDVLFVS DE MALATESTIS S RO ECLESIE GENERALIS — teste à Sig. Pand. Malatesta tourn. à gauche — ℟ MCCCCXLVI femme assise tenant une colonne brisée — diam 8. Benac 15.

La même que le n° 400 [illegible]

406 — **Dominique Malatesta** (1465). Tête à gauche. MA-
LATESTA. NOVELLUS. CESENAE. DOMINUS. DUX. EQUITUM. PRAES-
TANS. ℞. Chevalier s'agenouillant devant une croix. OPUS.
PISANI. PICTORIS.

8 cent.

407 — **Isotte de Rimini** (1470). Tête à droite. D. ISOTTAE.
ARIMINENSI. ℞. Éléphant. MCCCXLVI.

8 cent.

407 bis. — *La même*. ISOTE. ARIMINENSI. FORMA. ET. VIRTUTE.
ITALIE. DECORI. ℞. Éléphant. OPUS. MATHEI. DE. PASTIS.
MCCCCXLVI.

9 cent.

408 — *La même*. Tête à droite. D. ISOTTAE. ARIMINEN.
MCCCCXLVI. ℞. Livre fermé. ELOGIAE.

4 cent.

CAMERINO

409 — **Hercule arano** (1548). Tête à gauche. HERCULES.
VARANA. CAMERINI. DUX. II. ℞. Tour. ESTO. NOBIS. DEB. TUR-
RIS. FORTITUDINIS.

4 cent.

VIGEVANO. — TRIVULCE

410 — **Jean-Jacques Trivulce** (1518). Tête à gauche.
JACOBUS. TRIVLˢ FRAN. MARESCALUS. ℞. EXPUGNATA. ALEXAN-
DRIA. DELETO. EXERCITU. ETC. Médaille carrée et dorée.

5 cent.

411 — *Le même* (1518). Tête à droite. JO. JA. TRI. MAR. VIG.
FRAN. MARESC. ℞. Tête à droite. NEC. CEDIT. UMBRA. SOLI.

4 cent.

442. — Jean-François Trivulce (1573). Tête à droite. JO. FRAN. TRI. MAR. VIG. CO. MUSO. AC. VAL. REN. ET. STESA. A l'exergue : AET. 39. ℞. Vénus sortant des flots. FUI. SUM. ET. ERO.

6 cent.

443 — Théodore Trivulce, vice-roi de Sicile. 1656. Tête à droite. THEOD. TRIVULTIUS. S. R. I. MESOCHII. EVAL. MES. PRIN. ET. C. (MAS. F.). Sans revers.

4 cent.

444 — Laure de Gonzague, femme de Jean Trivulce. XVI⁰ siècle. Tête à droite. LAURA. GONZ. TRIVE. ℞. Fleuve couché (Mincio). SEMPER. ILLAESA.

5 cent.

MANTOUE

445 — Cécile de Gonzague (1474). Tête à gauche. CECI-LIA. VIRGO. FELIX. JOANNIS. FRANCISCI. PRIMI. MARCHIONIS. MANTUE. ℞. Femme et une licorne, croissant. OPUS. PI-SANI. PICTORIS. MCCCCXLVII. Plomb.

8 cent. et 1/2.

446 — Cécile de Gonzague (1474). Tête à gauche. Médaille longue et carrée. Sans légende ni revers.

8 cent.

447 — Vincent II de Gonzague (1626). Tête à gauche. VIN. II. D. G. DUX. MAN. VII. ET. M. F. V. (G. MORONI). ℞. Dogue. FERIT. TANTUM. INFENSUS.

4 cent. 1/2.

447 bis. — *La même.*

4 cent. 1/2.

448 — Vincent I⁰ʳ de Gonzague (1612). Tête à droite. VIN-

CENTIUS. GONZAGA. ℞. Guerrier terrassant un dragon. D.
G. DUX. MANT. IIII. ET. MONT. F. II., etc. PROTEE. NOSTER.
ASPICE.

4 cent.

419 — **Louis III** de Gonzague (1468). Tête à gauche. LUDO-
VICUS. DE. GONZAGA. MARCHIO. MANTUE. ETCET. CAPITANEUS.
ARMIGERORUM. ℞. Cavalier, héliotrope soleil. OPUS. PISANI.
PICTORIS.

10 cent.

420 — *Le même*. Tête à gauche. LUDOVICUS. DE. GONZAGA. MAR-
CHIO. MANTUAE. AI. DUCALIS. LOCUM. TENENS. GENERALIS. FR.
SFORTIA. ℞. Amour et porc-épic dans le champ. OPUS. PETRI.
DOMO. FANI.

9 cent.

421 — **Jean de Gonzague** (1481). Tête à droite. IO. GONZA.
MARCHIO. AR. ℞. Galère.

3 cent.

422 — **Jean François II** de Gonzague (XVIᵉ siècle). Tête
à gauche. FRANCISCUS. MARCHIO. MANTUE. IIII. ℞. Un combat.
FAVEAT. FOR. VOTIS. Exergue : FR. BURENTO. OPUS.

5 cent.

423 — **Hippolyte de Gonzague** (XVIᵉ siècle). Tête à
gauche. HIPPOLYTA. GONZAGA. FERDINANDI. FIL. AN. XVII.
(JAC. TREZ.) ℞. L'Aurore sur son char. VIRTUTIS. FORMAE.
QUE. PROEVIA.

7 cent.

424 — **Ferdinand Gonzague**, marquis de Mantoue (1626).
Tête à gauche. FERDIN. D. G. DUX. MANTUE. VI. ET. MARCH.
FER. IIII. ℞. Soleil. NON. MUTATA. LUCE. Ovale.

4 cent.

[illegible] — **Léonore d'Autriche**, duchesse de Mantoue (XVIe siècle). Tête à droite. MARIA. LEONORA .DUCISSA. AET. XVI. 1566. Plomb. Sans revers.

6 cent.

SABIONETTA

[illegible] — **Jean François de Gonzague**, duc de Sabionetta (1496). Tête à gauche. IOHANNES. FRANCISCUS. GONZ. Ŗ. Brasier. MARCHIO. COMES. ROTI. Sur une bandelette : PROBITAS. LAUDATUR.

4 cent.

· NOVELLARA

[illegible] — **Barbe de Gonzague** (1572). Tête à droite. BARBARA. GONZ. BORR. COM. NOVELL. AN. XVII. Ŗ. Deux pics de rocher, portant deux braziers griffon. NON. VILI. OB. NOXIA. VENTO.

4 cent. 1/2.

[illegible] — **Alfonse de Gonzague** (1589). Tête à droite. ALFONSUS. GONZAGA. NOVELLARIE, COMES. (N.) Sans revers.

9 cent.

SALUCES

420 — **Marguerite de Foix**, marquise de Saluces. (XVIe siècle). Tête à gauche. MARGARETA. DE. FUXO. MARCHIONISA. SALUCIA. (R. TR. 1516). Ŗ. Oiseau sur la branche d'un arbre portant l'écusson de Saluces. DEUS. PROTECTOR. ET. REFUGIUM. MEUM. (J. P.)

4 cent.

PARME. — LES FARNÈSE

430 — Octave Farnèse (1585). Tête à gauche. OCTAVIUS. F. PARM. ET. PLAC. DUX. 11. ℞. Apollon et Marsias. CUM. DIIS. NON. CONTENDAM.

3 cent.

431 — Octave Farnèse et **Marguerite d'Autriche** (1585). Tête à droite. OCTAVIUS. FARNESIUS. ℞. Tête à gauche. MARGARITA. AUSTRIA.

4 cent.

432 — Marguerite d'Autriche, duchesse de Parme (1586). Tête à gauche. MARGARITA. AUSTRIA. Sans revers.

3 cent.

433 — Alexandre Farnèse, cardinal (1589). Tête à droite. ALEXANDER. CARD. FARN. S. Z. E. VICE. CAN. (JO. F. MILON. F.) ℞. Monument. FECIT. ANNO. SAL. MDLXXV.

5 cent.

434 — Alexandre III Farnèse (1592). ALEXANDER. FARNESIUS. P. PRINC. AN. XIII. NAT. Sans revers.

4 cent.

435 — *Le même*. Tête à droite. ALEXANDER. FARNESUIS. PLAC. ET. PARM. DUX. III. ℞. Statue équestre. PLAC. CIV. OPTIMO. PRINCIPI. (FRAN. MOCHINI.)

5 cent.

FERRARE

436 — Lionel d'Este (1450). Tête à gauche. LEONELLUS. MARCHIO. ESTENSIS. D. FERRARIE. REGII. ET. MUTINE. (GE. R.

AR.) ℞. Génie déroulant un parchemin devant un lion, aigle perché, mat et voile sculptés sur une pierre, sur laquelle on lit : MCCCCXLIIII. Dans le champ. OPUS. PISANI. PICTORIS.

10 cent.

437 — *Le même*. Tête à droite. LEONELLUS. MARCHIO. ESTENS. ℞. Quadruple tête. OPUS. PISANI. PICTORIS.

7 cent.

438 — **Hercule Ier** (1505). Tête à gauche. FERE. HER. DUX. 1472. Sans revers. Carré.

8 cent.

439 — **Octave d'Este** (1526). Tête à gauche. ESTEN. COM. S. FF. COME. OCT. TASSENUS. ℞. Monument. ARCE. ANTIQUA. LABENTE. NOVAM. EXTRUXIT.

6 cent.

440 — **Alphonse Ier d'Este** (1534). Tête à droite. ALFONSUS. ESTENSIS. ℞. Char triomphal. OPUS. NICOLAI. FLORENTINI. MCCCLXXXXI.

7 cent.

441 — *Le même* (1547). Tête à droite. ALFON. EST. ALF. DUCIS. FILI. 1545. Sans revers.

4 cent.

442. — **Hercule II d'Este** (1559). Tête à droite. DUC. FERRARIE. IV. Sans revers.

8 cent.

443 — **Barbe d'Autriche**, duchesse de Ferrare (1572). BARBARA. AUST. ESTEN. 1565. (P.) Sans revers.

6 cent.

444 — **Louis d'Este** (1586). Tête à gauche. ALOYSIUS. ESTENSIS. MDLX. Sans revers.

       7 cent.

445 — *Le même*. Tête à gauche. ALOYSIUS. ESTENSIS. MDLX. ℞. Hercule étouffant des serpents. MCCCCCLXXVII.

       6 cent.

446 — **Philippe d'Este.** Tête à droite. PHILIPPUS. ESTEN. MARCH. ℞. Trois personnages debout.

       5 cent.

447 — **Alfonse II d'Este** et **Lucrèce de Médicis** (1597). Tête à droite. ALFONS. ESTEN. FERR. PRINCEPS. ℞. Tête à droite. LUCRETIA. MED. ESTEN. FERR. PRINCEPS.

       4 cent.

448 — **César d'Este** (1628). Tête à gauche. CAESAR. EST. LF. DUCIS. NEP. 1575. ℞. Guerrier à cheval.

       5 cent.

449 — **François d'Este** (XVIᵉ siècle). Buste à droite. FRANCISCUS. ESTENSIS. ℞. PARI. ANIMO. Deux temples ronds.

       6. cent.

TOSCANE

450 — **Cosme de Médicis**, l'ancien (1464). Tête à gauche. MAGNUS. COSMUS. MEDICIS. P. P. P. ℞. Florence assise tenant le lys rouge et un globe, PAX. LIBERTAS. QUE. PUBLICA. FLORENTIA.

       7 cent.

461 — *Le même.* COSMUS. MEDICIS. DECRETO. PUBLICO P. P. ℞. Le même que le précédent. Plomb.

4 cent.

462 — **Julien de Médicis, Laurent de Médicis** (1478). Tête à gauche. JULIANUS. MEDICES. LUCTUS. PUBLICUS. Scène de l'assassinat. ℞. Tête à droite. LAURENTIUS. MEDICES. SALUS. PUBLICA. Combat entre les Pazzi et les Médicis.

6 cent.

463 — **Julien de Médicis** (1478). Tête casquée, à gauche. — JULIANUS. MEDICES. Sans revers. Dupré.

9 cent.

464 — **Julien de Médicis**, troisième fils de Laurent le Magnifique (1516). Tête à droite. MAGNUS. JULIANUS. MEDICIS. ℞. Rome nicéphore assise. C. P. ROMA.

3 cent.

465 — *Le même.* Tête à gauche, coiffée du mortier. MAG. JULIANUS. MEDICES. PET. FIL. ℞. Une bague surmontée de deux plumes. CONSTANTIOR. ANIMUS. ET. CANDIDIOR.

9 cent.

466 — **Alexandre de Médicis, Marguerite d'Autriche** (1537). Tête à droite. ALEXANDER. MED. FLORENTIAE. DUX. P. ℞. Tête à gauche. MARGARITA. AUSTRIA. F.

4 cent.

467 — **Alexandre de Médicis** (1537). Tête à droite. ALEXANDER. MED. DUX. FLORENTIAE. 1. ℞. Femme brûlant des armes. FUNDATOR. QUIETIS. MDXXXIV.

4 cent.

10

458 — *Le même*. Tête à gauche. ALEXANDER. ETRUSCUS. ADO-
LESCENTIÆ. PRINCEPS. ℞. Un amour avec un cygne sur
Pégase. HERMES. FLAVIUS. APOLLINI. SUO. CONSECRAVIT.

12 cent.

459 — **Laurent de Médicis,** dit Lorenzino (1548). Tête à
droite. LAURENTIUS. MEDICES. ℞. Bonnet de la liberté entre
deux poignards. VIII. ID. JAN.

3 cent. 1/2.

460 — **Lucrèce de Médicis, Alphonse II** d'Este (1561).
Tête à gauche. LUCRETIA. MED. FER. PRIN. AN. A. XIII. 1558.
℞. Tête à droite. ALFONSUS. EST. II. DUX. FERR. V.

7 cent.

461 — **Jacques de Médicis** (1565). Tête à droite. IA. MED.
MARCH. MELEG. ET. CAES. CAP. GNALIS. Z. C. ℞. Pégase
faisant jaillir une source du sol. QUO. ME. FATA. VOCANT.

6 cent.

462 — **Cosme I⁰ʳ**, de Médicis (1574). Tête à droite. COSMUS.
MED. II. REIP. FLOR. DUX. ℞. Bélier et étoiles. ANIMI. CON-
SCIENTIA. ET. FIDUCIA. FATI.

3 cent.

463 — **Cosme I⁰ʳ de Médicis et François de Mé-
dicis** (1574). Tête à droite. COSMUS. MED. FLOREN. ET.
SENAR. DUX. II. 1567. ℞. Tête à droite. FRANCIS. MEDICES.
FLOREN. ET. SENAR. PRINCEPS.

4 cent.

464 — **Cosme I⁰ʳ de Médicis** (1574). Tête à droite. COSMUS.

MED. II. REIP. FLOR. DUX. ℞. Femme assise. IN. ME. MANET.
LIL. 90: IN. EA. FIDES.

        3 cent.

465 — *Le même*. Tête à droite. COSMUS. MED. II. REIP. FLOR.
DUX. Femme tenant une corne d'abondance. SALUS. PU-
BLICA.

        3 cent.

— *Le même*. Tête à droite. COSMUS. MED. FLOREN. ET. SE-
NAR. DUX. 11. ℞. Palais degli Uffici, vue de Florence, figure allégorique. PUBLICAE. COMMODITATI. P. P. Galeoti.

        4 cent.

— *Le même*. Tête à droite. COSMUS. MED. R. P. FLOREN. DUX.
11. ℞. Neptune, port et navire. THUSCORUM. ET. LIGURUM.
SECURITATI. ILVA. RENASCENS.

        4 cent.

— *Le même*. Tête à droite. COSMUS. MED. FLOREN. ET. SE-
NAR. DUX. 11. ℞. Femme debout entre un lion et une
louve. H. R. ETRURIA. PACATA.

        3 cent.

— *Le même*. Tête à droite. COSMUS. MED. FLOREN. ET. SENAR.
DUX. 11. ℞. Cosme sur une estrade entourée de soldats.
CONSTITUTA. RES. MILITARIS. (P. P. GALEOTTI.)

        4 cent.

— *Le même*. Tête à droite. COSMUS. MED. FLOREN. ET. SE-
NAR. DUX 11. ℞. Taureau. INMINUTUS. CREVIT.

        4 cent.

474 — *Le même*. Tête à droite. COSMUS. MED. FLOREN. ET. SE-
NAR. DUX. 11. ℞. SICCATIS. MARITIMIS. PALUDIBUS, etc.

        4 cent.

472 — *Le même*. Tête à droite. COSMUS. MED. FLOREN. ET. SE-
NAR. DUX. II. ℞. Deux mains défaisant un nœud. EXPLI
CANDO. IMPLICATUR.

4 cent.

473 — *Le même*. Tête à droite. COS. MED. MAGNUS. DUX. ETRU-
RIAE. ℞. Écusson et couronne. OB. EXIM. DIL, etc.

4 cent.

474 — *Le même*. Tête à droite. PETRUS. DE. XAINTRAILLE. Inscription refaite. Sans revers.

8 cent.

475 — *Le même*. Tête à droite. Sans légende ni revers.
Plomb. Ovale.

5 cent.

476 — **Jeanne**, archiduchesse d'Autriche, grande-duchesse
de Toscane (1578). Tête à gauche. IOANNA. AUSTRIACA.
MAG. DUX. ETRURIAE. ℞. Aigle. AD. ETHERA.

8 cent.

477 — *La même*. Tête à droite. IOANNA. AUSTRIACA, MAGNA.
DUCIS. ETRURIAE. Sans revers.

5 cent.

478 — **François Ier** de Médicis (1587). Tête à droite. FRAN-
CIS. MEDICIS. FLOREN. ET. SENAR. PRINCEPS. ℞. Femme de-
bout, deux guerriers à ses pieds. DII NOSTRA. INCEPTA. SE-
CUNDENT. 1564.

4 cent.

479 — *Le même*. Tête à droite. FRANCISCUS. MEDICIS. F. PRIN-
CEPS. 1560 (P). ℞. Le Tibre couché, agneau et louve. FE-
LICITATI. TEMPORUM. S. P. Q. R.

6 cent. 1/2.

— **François de Médicis** (1634), quatrième fils de Cosme II. Tête à droite. FRANCISCUS. MEDICIS. D. PRINCEPS. (g. d. f. 1615). Sans revers. (Dupré.)

9 cent.

— **Marie - Madeleine**, archiduchesse d'Autriche, grande duchesse de Toscane (1636). Tête à gauche. MAR. MAGDALENAE. ARCH. AUST. MAG. D. ETR. Sous le buste : G. D. P. 1613. Sans revers.

9 cent.

— **Éléonore Médicis**. Tête à gauche. ELEONORA FLORENTIAE. DUCISSA. ℞. Un pélican. CUM. PUDORE. LAETA. FECUNDITAS.

4 cent.

URBIN

— **Élisabeth de Gonzague**, duchesse d'Urbin (1599). Tête à droite. ELISABETHA. GONZAGA. FELTRIA. DUCISSA. URBINI. ℞. Femme couchée, la Fortune symbolisée s'envolant. HOC. FUGIENTI. FORTUNAE. DICATIS.

8 cent.

MONFERRAT

— **Jean VII** Paléologue (1448). Tête à droite. IOANNHC. ΒΑΣΙΛΕΥC ΚΑΙ ΑΥΤΟΚΡΑΤΟΡ ΡωΜΑΙωΝ Ο ΠΑΛΑΙΟΛΟΓΟΣ. ℞. Paléologue à cheval devant une croix, joignant les mains. OPUS. PISANI. PICTORIS. ΕΡΓΟΝ ΤΟΥ ΠΙΣΑΝΟΥ ΣΩΓΡΑΦΟΥ.

10 cent.

485 — Boniface de Montferrat (1531). Tête à gauche.
BONIFACIUS. GU. VII. MAR. MONTISFERR. PRIMO. GENITUS.
AQUENSIS. COMES. ℞. Homme flagellant une femme qui
tient une bourse à la main. VITIORUM. DOMITOR. (F. CAROTI
OP.)

11 cent.

ITALIE

PERSONNAGES ILLUSTRES

486 — Arioste (Louis) (1538). Tête à gauche. LUDOVICUS.
ARIOST. POET. ℞. Ruche enfumée. PRO. BONO. MALUM.

3 cent. 1/2.

487 — Arétin (Pierre) (1557). Tête à droite. DIVUS. PETRUS.
ARETINUS. Exergue, A. v. ℞. L'Aretin recevant des présents.
I. PRINCIPI. TRIBUTATI. DO. I. POPOLI. IL. SERVO. LORO. TRI-
BUTANO.

6 cent.

488 — Le même. Tête à gauche. DIVUS. PETRUS. ARETINUS.
℞. Vérité nue et vices personnifiés. VERITAS. ODIUM. PARIT.

6 cent.

489 — Le même. Tête à gauche. DIVUS. P. ARETINUS. FLAGEL-
LUM. PRINCIPUM. ℞. VERITAS. ODIUM. PARIT.

4 cent.

490 — Andreassi (Marsilio de Ripalto). Tête à gauche.
MARSILIUS. ANDREASIUS. RIPALTEN. ℞. Aigle et cigogne. A.
DEO. FORTITUDO.

7 cent.

— **Altobello Averoldo**, gouverneur de Bologne (1582).
Tête à droite. ALTOBELLUS. AVEROLDUS. EPIS. POLEN. BONON.
ET. G. TER. GUBER. ℞. Homme assis, entouré de 3 figures
allégoriques. MATURA. CELERITAS.

6 cent.

— **Alidossi** (François), cardinal (1511). Tête à droite.
ALIDOXIUS. CAR. PAPIEN. BON. ROMANDIOLAE. QUE. C. LEGAT.
℞. Jupiter sur un char traîné par des aigles. HIS. AVIBUS.
CURRU. QUE. CITO. DUCERIS. AD. ASTRA.

6 cent.

— **Alciat** (André), écrivain, né à Milan (1550). Tête à
gauche. ANDR. ALCIATUS. JURE. COS. COMES. P. ℞. Caducée
et corne d'abondance. ΑΝΔΡΟΣ. ΔΙΚΑΙΟΝ. ΚΑΡΠΟΣ. ΟΥ.
ΚΑΡΑΜΥΤΑΙ.

4 cent.

— **Alberti** (Catherine) (xvi° siècle). Tête à gauche. CA-
THARINA. ALBERTUS. ℞. M. D.

5 cent.

— **Albizza** (Jeanne) (xvi° siècle). Tête à droite. JOANNA.
ALBIZZA. UXOR. LAURENTII. DE. TURNABONIS. ℞. Diane debout. GERENS. VIRGINIS. ARMA. VIRGINIS. OS. HABITUM. QUE.

7 cent. 1/2.

— **Jean-Jérôme Acquaviva**, duc d'Atri, littéra-
teur (1709). Tête à droite. JO. HIER. DE. AQUAVIVA. HA-
DRIANOR. DUX. ℞. Génie versant de l'eau dans la mer. ADRIA.
VIVIS. DULCESSIT. AMABOR.

6 cent.

— **Agrippa** (Camille), architecte Milanais (xvi° siècle).
Tête à droite. CAMILLUS. AGRIPPA. ANT. F. Exergue. JO. BA.

DO. ℞. Guerrier courant après la Fortune et la saisissant aux cheveux. VELIS. NOLISVE.

4 cent.

498 — **Bernard Barbige** (xvᵉ siècle). Tête à gauche. BER-NARDUS. NICHOLAI. BARBIGE. MCCCCLXXXVIIII. ℞. Figure debout regardant le ciel. SPERO. IN. DEO. AN. XXXVI.

9 cent.

499 — **Barone** (Baptiste) (1555). Tête à droite. ΒΑΠΤΙΣΤ. BAPVN. 1555 (P.). Sans revers.

5 cent.

500 — **Alexandre Bassiano** et **Jean Cavin** (xvⁱ siècle). Leurs têtes accolées. ALEXANDER. BASSIANUS. ET. JOHAN. CA-VINEUS. PATAVINI. Sans revers.

3 cent.

501 — *Le même*. Leurs têtes accolées à droite. ALEXAND. BAS-SIANUS. ET. JOHAN. CAVINUS. PATAVINI. ℞. Tête à gauche. MARCUS. MANTUA. BONAVITUS. PATAVINUS. JUR. CONS.

3 cent.

502 — **Pierre Beius** (xviᵉ siècle). Tête à droite. PETRUS. BEIUS. SUPER. UBI. EST. AE. LVI. 1616. Ovale. Sans revers. Argentée.

7 cent.

503 — **Octave Bandini**, né à Florence, sculpteur (1629). Tête à droite. OCT. S. R. E. PR. CAR. BANDINUS. LEG. A. JUB. MDC. (G. BURG.) Sans revers.

4 cent.

504 — **Baccio Bandinelli**, né à Florence, sculpteur

(1559). Tête à droite. BACCIUS. BAN. SCULP. FLO. ℞. CHANDOR.
ILLI. SUS. Dans une couronne.

4 cent.

505 — **Antoine Barberini**, frère d'Urbain VIII (1646).
Tête à gauche. ANT. S. R. E. DIAC. CARD. BARBERINUS. (A.
ASSESSANO. F. 1631.) Sans revers.

4 cent.

— **Jean Battaglino**, patricien de Pise. Tête à gauche. JO. BATTAGLIONUS. PATRI. PISA. ℞. Serpent. HAEC. ME-
RUIT. PIETAS. PREMIA.

4 cent.

— **Antoinette des Baux**, femme de Jean-François II
de Gonzague (1438). Tête à droite. DIVA. ANTONIA. BAUTIA.
DE. GONZ. MAR. ℞. Femme sur un char. SUPEREST. M. SPES.
Sur le char on lit : MAI. PIU. [illisible]

4 cent.

— **Valerio Belli**, de Vicence, poëte (XVIIe siècle).
Tête à gauche. VALERIUS. BELLUS. VICENTINUS. ℞. Homme
sur un char.

5 cent.

— **Saint Bernardin de Sienne** (1444). Tête à gauche.
CEPIT. FACERE. ET. POSTEA. DOCERE. ℞. IHS. Au milieu de
rayons. NOMEN. TUUM: HOMINIBUS. MANIFESTAVI. Exergue. F.
ANTONIO. MARESCOTTO. DA. FERRARA.

8 cent.

— **Pierre Bembo.** Tête à droite. PETRI. BEMBI. CAR.
℞. Pégase.

5 cent. 1/2.

511 — **Belloto de Commachio**. Tête à gauche. BELLO-
TUS. COMAHUS. Sans revers.

6 cent.

512 — **Jean Boccace** (1375). Tête à gauche. 10mes. BOCCA-
TIUS. FLOREN. ℞. Femme et serpent.

5 cent. 1/2.

513 — *Le même*. Tête à droite. 10. BOCCACIUS. FLOREN.

4 cent.

514 — **Antoine Biscioni** de Florence (1756). Tête à
droite. M. BISCIONIUS. FLOR. BASIL. S. LAUR. CAN. MEDIC.
LAUR. BIBLIOTE. REG. PRAEF. AET. AN. LXXIII. ℞. Hercule
tuant l'hydre. NEGATA. TENTAT. L. M. V. 1747.

8 cent.

515 — **Agnès de Bonius**. Tête à droite. AGNESIA. T. F. C.
DE. BONIUS. Ovale. Sans revers.

6 cent.

516 — **Saint Charles Borromée** (1584). Tête à gauche.
CAR. BORROMAEUS. CARD. ARCHIEP. MEDI. Sans revers.

4 cent.

517 — *Le même*. Tête à gauche. S. CAR. BOR. CAR. MIL. ℞.
Couronne. HUMILITAS. CANONICI. REGUL. S. M. PAS. Ovale.

5 cent.

518 — **Lucrèce Borgia**, fille d'Alexandre VI (1510). Tête
à gauche. LUCRETIA. BORGIA. ESTEN. FERRARIAE. MUT. AC. RE-
GII. D. ℞. Amour lié à un arbre. VIRTUTI. AC. FORMAE. PU-
DICIAE. PRAECIOSISSIMUM.

6 cent.

— *La même*. Tête à gauche. LUCRETIA. ESTEN. DE BORGIA. —
DUC. ℞: Tête à gauche. ALFONSUS. ESTENSIS.

6 cent.

549 bis — *La même*, Sans revers. 6 cent.

— **Marc Bonaviti**, jurisconsulte, né à Padoue (1582).
Tête à gauche. MARCUS. MANT. BONAVIT. PATAVIN. JUR. CON.
℞. Temple. AETERNITAS. MANT.

4 cent. 1/2.

— *La même*. Dorée. 4 cent. 1/2.

— **Jean Boldu**, graveur de médailles. Tête à gauche.
ΙΟΑΝΝΗC. Μ. ΠΟΛΛΑΝΘΥΟ ΣΟΓΡΑΦΟΥ. BENATIA. ℞.
Deux génies funèbres. OPUS. IOANNIS. BOLDU. PICTORIS.
INCTUS. XOGRAFI. MCCCCVIII.

8 cent.

— **Jérôme Bossio**, né à Pavie (1650). Tête à gauche.
.BOSSIUS. TICIN. REGIUS. ELOQ. INTERPRES. AET. AN.
Sans revers.

7 cent.

— **François Bramante**, architecte italien (1544).
Tête à gauche. BRAMANTES. ASDRAVULDINUS. ℞. Figure
assise devant le dôme de Saint-Pierre. FELICITAS. LABOR.
(CARADOSSO. TAEPA).

4 cent.

— **Vincent Bovio**, pronotaire apostolique à Bologne
(XVIe siècle). Tête à gauche. VINC. BOVIUS. BONONIEN. PRO-
THONOT. APOST. ℞. Un bœuf, le joug à terre, et une femme
tenant une croix. ANTIDOTUM. VITAE.

7 cent.

525 — **François Brancas**, évêque de Viterbe (1675). Tête

à droite. FRANC. MARIA. S. R. E. CARDINALIS. BRANCATIUS. Exergue. CO. UM. F. U. Sans revers.

8 cent.

526 — **Michel-Ange Buonarotti** (1559). Tête à gauche. MICHEL. ANGELUS. BUONAROTUS. Sans revers.

6 cent.

527 — *Le même*. Tête à droite. M. ANGELUS. BONAROTUS. PATRICIUS. FLORENTINUS. R/. Palette. pinceau et torse d'homme. FELICITER. JUNXIT. MDLXXIII.

5 cent.

528 — *Le même*. Tête à droite. MICHAEL. ANGELUS. BONAROT. Sans revers.

15 cent.

529 — *Le même*. Tête à droite. MICHAEL. ANGELUS. BONAROTUS. FLOR. AET. ANN. 88. Exergue, LEO. R/. Femme debout casquée, immobile au milieu des flots. TALI... MANET. *l'avers sans doute le même que ma médaille*

6 cent.

530 — **Pierre-Nicolas Castellani**, poëte italien (XIV siècle). Tête à gauche. PETRUS. NICOLAUS. CASTELLANUS. R/. Trois figures debout. MERCURIUS. PALLAS. APOLLO.

7 cent.

531 — **Jean-Baptiste Castaldi**, capitaine au service de Charles-Quint. (XVIe siècle). Tête à gauche. IO. BA. CAS. CAR. V. CAES. FER. RO. REG. E. BOE. RE. EXERCIT. DUX. R/. Femme couchée tenant une couronne. TRANSYLVANIA. CAPTA. A l'exergue, MAURUSCIUS.

4 cent.

532 — *Le même*. Tête à gauche. IO. BA. CAS. CAR. V. CAES. FER.

Michel-Ange { MICHAEL ANGELVS BONARROTVS FLUR AES ANN. 88 ...
{ Michel Ange à droite — R/ DOCEBO INIQVOS V.T.E. IMPII AD TE CONVE...
{ Un aveugle conduit par un chien — Diam. 6. — Piot 48e.

REG. E. BOR. ÆE. EXERGITE. DUX. ℞. Quatre figures debout. CAPTIS. SUBACTISQ. REC. NAVAR. DACIAE. ET. OLIM.
PERSA. TURC. DUCE.

4 cent.

— **André Caraffa**, célèbre capitaine italien (xvi° siècle). Tête à gauche. ANDREAS. CARRAFA. S. SEVERINAE. COMES.
Figure assise tenant d'une main un serpent. NIL. ABEST.

3 cent. 1/2.

— **Isabelle Capoue**, princesse de Malfetta (xvii° siècle). ISABELLA. CAPUA. PRINC. MALFICT. FERDIN. GONZ. UXOR.
ogde; JAC. TREZ. Sans revers.

7 cent.

— **Barthélemy Capoleone**, célèbre condottiere
Tête à gauche. BARTHOL. CAPUT. LEONIS. MU. C. VE. SE.
Homme assis sur une cuirasse et tenant un aplomb.
PAX. AUGUSTA. ET. BENEGNITAS. PUBLICA. Exergue,
GUIDIZANI.

8 cent.

— **Blanche Capelle**, maîtresse de François de Médicis (1567). Tête à droite, de trois quarts. BIANCHA. CAPP.
MAG. DUC. ETRURIAE. 1572. Sans revers.

6 cent.

— **Marguerite Caslagen**. Tête à gauche. MARGA. A.
CASLAGEN. JOAC. POLITAE. CONJUNX. Sans revers.

6 cent.

— **Cardo Comicus**. Tête à droite. CARDO. COMICUS.
UBICUS. GALIUS. AE. 35. ℞. Renommée sonnant de la trompette dans une ville. LABOR. UBIQUE. FAMAM.

5 cent.

539 — **Pierre Candide**, écrivain (1477). Tête à droite.
P. CANDIDUS. STUDIORUM. HUMANITATIS. DECUS. ℞. Un livre
ouvert. OPUS. PISANI. PICTORIS.

8 cent.

540 — **Thomas Campeggio**, évêque de Feltre (1564).
Tête à droite. THOMAS. COMPEGIUS. ELECTUS. FELTRIA. DE.
VENIOLE. PONT. MA. LEG. ℞. Dragon se mordant la queue.
AETERNITAS.

7 cent.

541 — **Vitor Camelio**, graveur de médailles (xvi⁰ siècle).
Tête à droite. VICTOR. CAMELIUS. SUI. IPSIUS. EFFIGIATOR.
MDVIII. ℞. Atelier rempli de personnages. FAVE. FOR.
SACRIF.

4 cent.

542 — **Blanche Capello** (1587). Tête à gauche. BIANCA.
CAPP. MED. MAG. DUC. ETRURIAE. 1571. Sans revers.

5 cent.

543 — **François I⁰ʳ de Carrare** (1393). Tête à droite.
FRANCISCUS. SENIOR. DE. CARRARIA. D. PAD. ℞. Ecusson et
cimier. UNI. CIVI. RENI. REX. AN. XXXVII.

7 cent.

544 — *Le même*. Tête à droite. FRANCISCI. DE. CARRARIA. ℞.
Ornements divers. DIE. PRIMA. JUNII. RECUPERAVIT. PADUAM.

3 cent.

545-546 — **François II de Carrare** (1406). Tête à gau-
che. FRANCISCUS. JUNIOR. DE. CARR. VIII. PATAVII. D. ANN.
MCCCXC. ℞. Ecusson et cimier. NECAT. AN. MCCCCVI. DIE.
XIX. JAN.

7 cent.

Cardelaffo Cocco III (1466). Tête à gauche. CICCUS. III.. ORDELAPHUS. FORLIRG. P. P, etc. ℞. Guerrier à cheval. SIC. MEA. VITALI. PATRIA, etc. Sous le cheval. JO. FR. PARMENSIS.

Livia et Marzio Colonna (XVI° siècle). Tête à... MARTIUS. COLUMNA. ℞. Tête à gauche. LIVIA. CO-

3 cent.

Livie Colonna (XVI° siècle). Tête à gauche. LIVIA. ... ℞. Renommée précédée d'un génie.

4 cent.

Pompée Colonna, vice-roi de Naples (1532). Tête à gauche. POMP. COLUMNA. VICE. CANCELL. ℞. Femme et homme, la Prudence, STABILIMENTUM.

4 cent.

Victoria Colonna (1547). Tête à gauche. VICTORIA. COLUMNIA. DAVALA. Sans revers.

5 cent.

Victoria Colonna, marquise de Pescaire (1547). Tête à gauche. VICTORIA. COLUMNA. ℞. Soleil et aigle.

4 cent.

Le même. Tête à gauche. VICTORIA. COLUMNIA. DAVALA. Sans revers.

5 cent.

Ascagne Colonna, vice-roi d'Aragon (1608). Tête à droite. ASCANIUS. COLUMNA. DUX. TAIL. ET. REGNI. SI. MA-GNUS. COMESTABILIS. ℞. Vérité et trophées. INDOLI. AUGUSTAE.

3 cent. 1/2.

555 — **Théodorine Cibo**, fille d'Innocent VIII (xvi° siècle).
Tête à gauche. TEODORINA. CIBO. Sans revers.

5 cent. 1/2.

556 — **Marcello Capo di ferro**. Tête à droite. MARCEL-
LUS. CAPO. DE. FERRO. R̸. Taureau. MERCURIALIUM. HOSPES.
VIRORUM.

4 cent.

557 — **François Commandone**, poëte, né à Venise
(1584). Tête à gauche. FRANCESCO. COMENDUNI. R̸. Personnage à deux faces tenant une épée, à ses pieds un amour.
AMICITIA.

4 cent.

558 — **Jérôme Cornelio de Padoue** (xvi° siècle). Tête
à droite. HIER CORNELIUS. R̸. Cornelius faisant l'aumône.
PAUPERTATIS. PATAVINAE. TUTOR. DEO. OPT. FAR. MDXXXX.

4 cent.

559 — **Marc Ant. Contarini** (xvi° siècle). Tête à gauche.
M. ANTONIUS. CONTARENUS. R̸. Femme casquée portant des
balances, et corne d'abondance. PATAVIUM. MDXL.

4 cent.

560 — **Constantio**. Tête à droite. AUG. CONSTANTIUS. R̸. AD-
VERSIS SUIS CAVALIER.

4 cent.

561 — **Marc Croto**. Tête à droite. MARCUS. CROTO. R̸. VIC-
TORIA. AUGUSTE. S. C. CAVALIER.

6 cent.

562 — **Atlanta Donati**. Tête à gauche. ATLANTA. DONATI.
R̸. Bacchante nue, assise près d'un brasier. AETERNIT.
D. N. IH. CHR. SEC. PUB. (CURANTE. DON. DIEGO. MENDOZA.)

3 cent.

363 — Jean-Baptiste Deti, Florentin (1630). Tête à droite. IO. BAP. S. MARIAE. IN. COSM. S. R. E. DIAC. CAR. DE-TUS. ℞. Soleil et globe terrestre. VALIDIOR. SE. TARDIOR. (P. SANQUIRIE. P.).

5 cent.

364 — Tiberio Deciano d'Udine (1581). Tête à droite. TIBERIUS. DECIANUS. JUR. CONS. UTINENSIS. AN. XL. ℞. Un homme à genoux devant une femme assise, à ses côtés la Paix et la Justice. HONESTE. VIVAS. ALTERA. NON. CADAS. JUS. SUUM. CUIQUE. TRIBUAS. JURIS. PRUDENTIA.

3 cent.

365 — Dante Alighieri (1321). Tête à gauche. DANTHÈS. FLORENTINUS. ℞. Dante debout, la montagne du Purgatoire, l'Enfer, les cercles du Ciel en haut.

5 cent.

366 — Ezzelino Romano, célèbre gibelin (1259). Tête à gauche, de trois quarts. EZCELINUS. III. DA. ROMANO. Sans revers.

10 cent.

367 — César Ferrao, grand-veneur du roi de Naples. XVIIᵉ siècle. Tête à droite. CAESAR. FERRAO. SANTE. AGATHAE. PRINCEPS. 1642 (GA. SPANGLO. F.). ℞. Zodiaque. NUNQUAM. DEVIUS. REGIAE. VENATIONI. PRAEFECTUS. MAJOR. NEAPOLI. RE-GIUS. AEDILIS.

4 cent. 1/2.

368 — Jérôme Fabiano (XVIᵉ siècle). Tête à gauche. HIERONYMUS. FABIANUS. EQUES. ET. COMES. 1570. ℞. Arbre entouré d'un lierre. SIC. PERIRE. JUVAT.

6 cent.

11

569 — **Marsilio Ficino**, Florentin (1499). Tête à gauche. MARSILIUS. FICINUS. PHS. FLORENTINUS. ℟. PLATONE.

5 cent.

570 — **Marc Antoine Flaminio**, poëte latin (1550). Tête à droite. M. ANTONIUS. FLAMINIUS. PROBUS. ET. ERU. VIR. ℟. Muse debout. COELO. MUSA. BEAT. (OP. JU. TU).

6 cent. 1/2.

571 — **Dominique Fontana**, architecte italien (1607). Tête à droite. DOMINIE. FONTANA. CIV. RO. COM. PALAT. ET. EQ. AUR. ℟. Obélisque. EX. NER. CIT. TRANSTULIT. ET. EREXIT. JUSSU. XYSTI. QUINTI. PONT. OPT. MAX. 1586.

4 cent.

572 — **Horace Fusco**, jurisconsulte de Rimini (xvi° siècle). Tête à droite. HORATIUS. FUSCUS. ARIMINIEN. J. C. ℟. Femme nue, assise et sommeillant la tête appuyée sur la main, derrière l'Abondance. NON. SEMPER. 1589.

4 cent.

573 — **Charles**, comte de Grati, capitaine bolonais. Tête à gauche. CAROLUS. GRATUS. MILES. ET. COMES. BONONIENSIS. ℟. Guerrier descendu de cheval pour prier devant une croix, près de laquelle on lit : SALVE. RECORDATUS. MISE-RICORDIE. SUE. OPUS. SPERANDEI.

10 cent. 1/2.

574 — **Dominique Grimani**, cardinal (1523). Tête à gauche. GRIMANUS. DOMINICUS. CARDINALIS. ℟. La Théologie debout, la Philosophie assise. THEOLOGIA. PHILOSOPHIA.

5 cent. 1/2.

575 — **Hadria**, fille de l'Arétin, Catherine, sa mère. Tête à gauche. HADRIA. DIVI. PETRI. ARETINI. FILIA. ℟. CATHERINA. MATER. Tête à droite.

4 cent.

576 — **Martin de Hanna**, Vénitien. Tête à droite. MARTINUS. DE. HANNA. ℟. Femme montrant le ciel. SPES. MEA. IN. DEO. EST.

7 cent.

577 — **Paul de Hanna**, Vénitien (1594). Tête à droite. PAVLVS. HANNA. ℟. Femme couronnée, frappant un homme terrassé. CUNCTA. NIHIL.

3 cent.

578 — **Jules Romain** (1546). Tête à gauche. JULIUS. ROMANUS. (VARIN). Sans revers.

10 cent.

579 — **Paul Jove**, écrivain, né à Como (1552). Tête à gauche. PAULUS. JOVIUS. COMENSIS. EPISCOPUS. NUCERINUS. A. D. N. S. MDLII. ℟. Paul Jove, un livre sous le bras, tirant un mort de la tombe. NUNC. DENIQUE. VIVES.

9 cent.

580 — **Egano Lambertini** (xiv⁰ siècle). Tête à gauche. EGANUS. LAMBERTINUS. BONENSIS. UMANITATE. PLENUS. MCCCVII.

8 cent.

581 — **Jean Lomazzo**, peintre milanais (1588). Tête à gauche. IO. PUALUS. LOMATIUS. ℟. Mercure, Vénus et un troisième personnage debout. UTRIUSQUE.

5 cent.

582 — **Jean François Loredan**, sénateur de Venise (xvii⁰ siècle). Tête à droite. JO. F. JACOBUS. LAUREDANUS.

R̸. Scévola se brûlant la main armée d'un poignard. MANUM. P. PATR. USTIONE. GENTIS. AUTOREM. IMITAT. APUD. BRASEZELL.

6 cent.

583 — **Ignace de Loyola** (1556), **Louis Ludovisi** (1632). Tête à gauche. UT. SAPIENS. ARCHITECTUS. FUNDA-MENTUM. POSUI. QUID EST. XRS. JESUS. R̸. LUDOVICUS. CARD. LUDOVISIUS. S. R. E. VICE. CANCEL., etc. AN. MDCXXVI.

6 cent.

584 — **Pompée Ludovisi** et **Jérôme Panico**. Deux têtes accolées à gauche. HIERONYMUS. PANICUS. PAT. POMPEIUS. LU-DOVSIUS. BON. R̸. Génie brûlant une couronne. DULCIS. BE-NEVALENTIAE. GENIO.

4 cent.

585 — **André** et **Étienne Magnus** (XVIᵉ siècle). Tête à gauche. ANDREAS. MAGNUS. PRAEFECTUS. PADUE. R̸. Tête à gauche. STHEPHANUS. MAGNUS. DOMINI. ANDREAE. FILIUS.

6 cent.

586 — **Nicolas Malegrassi**, évêque d'Uzès (1503). Tête à droite. NICOLAUS. MALEGRASSI. EPS. UCESIENSIS. R̸. Crosse et écusson. IN. UMBRA. MANUS. SUAE. PROTEXIT. ME. DNS.

8 cent.

587 — **Madeleine de Mantoue** (XVIᵉ siècle). Tête à droite. MAGDALENA. MANTUANA. DIE. XX. NO. MCCCCCIV. R̸. Person-nage poursuivant la Fortune. BENE. HANC. CAPIUS. ET. CAPTAM. TENET

4 cent. 1/2.

588 — *La même.* Tête à droite. MADALENE. MANTUANE. P. M.

℞. Un cygne blessé, les pieds sur un carquois et un arc. NON. SANA.

3 cent.

589 — **Jean François Marascha**, rédacteur des brefs apostoliques. IO. F. MARASCHA. ACOLY. ET. L. A. ABBREVATIO. ℞. Figure debout, tenant deux cornes d'abondance. ΗΑΙΠΣΗΙ.

3 cent. 1/2.

590 — **Jean François Martinio** médecin milanais (XVIe siècle). Tête à droite. IO. FRAN. MARTINIO. MEDIOLAN. MEDICUS. ℞. Tête à gauche. ΦΙΛΗΛΗΝ. ΕΛΛΗΝΟΣ. ΣΟΤΗΙΣΗΣ. ΔΩΡΟΝ.

5 cent.

591 — **Cassandre Marini**. Tête à droite. CASSANDRA. MARIN. LUP. MARCH. SO. ℞. Temple rond. FORMAE. PUDICITIAE. Q. S.

5 cent. 1/2.

592 — **Vincent Maripetro**. Tête à droite. VINCENTIUS. MARIPETRO. AND. F. AN. ACT. XLVII. ℞. Aigle couronné. REGALIS. CONSTANTIA. MDXXIII.

6 cent.

593 — **Frédéric de Montefeltro** (1482). Tête à gauche. DIVI. FR. URB. DUCIS. MUT. AG. DUR. COM. REG. CAP. GR. AC. S. RE. ECCL. CON. INVICTI. ℞. Le personnage à cheval. OPUS. SPERANDEI.

8 cent. 1/2.

594 — **Jacqueline de Montebello**. Tête à gauche. JACQUELINA. INTERMONTI. A. MONTEBELLO. ℞. Ancre dans la mer. PREMITUR. NON. APPRIMITUR. Plomb.

5 cent. 1/2.

595 — **Pierre Monti**, né à Venise (1459). Tête à droite. PETRUS. MONTIUS. Homme nu debout, tenant une longue croix, livre, armes. VIS. TEMPERATA. FERT. IN. VIA.

3 cent.

596 — **Marie de Morelli**, célèbre improvisatrice, née à Pistoie (1800). Tête à droite. MARIA. DE, MORELLIS. Sans revers.

7 cent.

597 — **Cornelio Musso**, moine, né à Plaisance (1574). Tête à gauche. CORNELIUS. MUSSUS. EPUS. BITUNT. ℞. Vipère au milieu d'une campagne. SIC. VIRUS. A. SACRIS.

6 cent.

598 — **Ulysse Musotti**, docteur en droit de Bologne (xvᵉ siècle). Tête à gauche. ULISCES MUSOTUS. J. D. ANT. FI-LIUS. ℞. Livre ouvert, instruments ; on lit sur le livre : ORPHANUM. ET. ADVENA. NO. ID. ISTITUI.

7 cent.

599 — **Antoine Mula**, patricien vénitien (1538). Tête à gauche. ANT. MULA. DUX. CRETAE. X. VIR. III. CONS. IIII. ℞. Deux personnages debout. FRATRUM. CONCORDIA. 1538. A l'exergue, AND. SPIN. F. (Spinelli.)

4 cent.

600 — **Gracia Nasi**. Tête à gauche. Légende hébraïque qui se traduit par GRACIA. NASI. A. AE. XVIII. Sous le buste P. Initiale de Pastorino de Sienne. Sans revers.

7 cent.

601 — **Saint Philippe de Neri**, né à Florence (1595). Tête à droite. PHILIPPUS. NERIUS. Sans revers.

6 cent. 1/2.

602 — **François Niconitio**, né dans la Dalmatie (XVIᵉ siè-
cle). Tête à gauche. FRANCISCUS. NICONITIUS. NIGROCORCYRUS.
C. Ŗ̸. Mercure montrant un palmier. SOLO. PER. LEI'L.
SUO. INTELLET. ALZAI. OV'ALZATO. PER. SE. NON. FORA. MAI.

·11 cent.

603 — **Eugénie Nicolai**. Tête à gauche. EVΓHNIA
NIKOAAΦEEA. Ŗ̸. Femme et enfant. DONNA. CHE. AMAR.
ET. RIVERIR. INSEGNA.

4 cent.

604 — **Henri**, cardinal de Noris, né à Vérone (1704). Tête
à gauche. HENR. CARD. NORIS. VERON. S. R. E. BIBLIOTH.
Ŗ̸. Colonne entre Rome et Antioche assises. HISTORIA.
VINDICATA. CHRONOL. REST. CLV. AN. CHR. NAT.

3 cent. 1/2.

605 — **Livie** et **Jeanne Odescalchi**. Tête à droite. LI-
VIUS. ODESCALCUS. INN. XI. NEPOS. Ŗ̸. Tête à gauche. JO-
VANNA. SOROR. CARISS.

2 cent.

606 — **Paul Jordan II, Orsini** (1656). Tête à gauche.
PAUL. JORD. II. ANG. C. BRACC. DUX. S. R. I. P. 1621. Ŗ̸. Pallas
debout. UT. UTRUMQUE. TEMPUS.

2 cent.

607 — *Le même*. Tête à gauche. PAUL. JORD. II. URSINUS. BRACC.
DUX. P. P. Ŗ̸. La Fortune sur sa roue. D. G. ANG. COM. ET.
SINE. TE. S. R. I. P. 1635.

3 cent.

608 — **Flavio Orsini** (XVIIᵉ siècle). Tête à droite. FLAVIUS.
PRINCEPS. URSINUS. SCULPTUS. MANU. SUA. 1651. Sans revers.

5 cent. 1/2.

609 — **Nicolas Orsini** (1510). Tête à gauche. NIC. URS. PET. ET. NOL. COMES. SIPI. DU. DO. VE. ARMOR. CAP. GNRALIS. ℞. Guerrier à cheval. NIC. URS. PETILIANI, etc.

4 cent.

610 — **Jean-Baptiste Orsini** (1476). Tête à droite. IOANN. BAPT. URSINUS. ℞. Licorne plongeant la tête dans une fontaine ; derrière, écussons sur un arbre. EXPERIOR

4 cent.

611 — **Alexandre de Pagagnoti**. Tête à gauche. ALEXANDER. DE. PAGAGNOTIS. ℞. Femme en adoration. SPES.

8 cent.

612 — **Barthélemy Panciatichi** (XVIᵉ siècle). Tête à droite. BARTHOLOMAEUS. PANCIATII. CIVIS. FLORENTI. ℞. Ecusson. LX. HANC. CAPELLAM. FUNDAVIT. ANO DNI. MDXVII.

4 cent. 1/2.

613 — **Marc-Ant. Passeri**, né à Padoue (1563). Tête à droite. M. ANTONIUS. PASSERUS. PATAVIN. ℞. Deux figures enlacées. PHILOSOPHIA. COMITE. RECREDIMUR.

4 cent.

614 — **François Pétrarque** (1374). Tête à droite. FRAN. PETRAR. Sans revers.

4 cent. 1/2.

615 — **George**, cardinal de Portugallo. Tête à droite. GEOR-GIUS. CARDINALIS. PORTUGALLEN. ℞. Ange et Théologie. THEOLOGIA.

4 cent.

616 — **Pierre Plantanide**, capitaine milanais (XVIᵉ siècle). Tête à droite. CAP. PET. PLANTANIDA. AET. AN. XXXVI.

R̸. Femme debout tenant un calice. DUNC. SPIRITUS. HOS. REGET. ARTUS.

5 cent.

617 — **Pisano**, né à Vérone (xvᵉ siècle). Tête à gauche. PISANUS. PICTOR. Sans revers.

6 cent.

617 *bis* — Même médaillle, 3 cent.

618 — **Nicolas Piccinino**, né à Pérouse (1444). Tête à gauche, coiffée du mortier. R̸. Griffon allaitant deux enfants sur son collier. PERUSIA. M. PICINUS. BRACCIUS. PISANI. P. OPUS. Q. C.

9 cent.

618 *bis* — Autre épreuve, le revers seulement.

619 — **Jean Jovien Poutano** (1503). Tête à droite. JOANNES. JOVIANUS. PONTANUS. R̸. Uranie avec la lyre et un globe. URANIA.

8 cent.

620 — **Ange et Marie Politien** (1494). Tête à gauche. ANGELI. POLITIANI. R̸. Tête à gauche. MARIA. POLITIANA.

5 cent.

621 — **Ange Politien**, né à Monte Pulciano (1494). Tête à gauche. POLIZIANO. Sans revers. Carrée.

7 cent.

622 — **Elisabeth Quiriri**. Tête à gauche. ELIZABETHAE. QUIRINAE. R̸. Les trois Grâces.

4 cent.

623 — **Victoria Rambaldini de Feltre** (1447). Tête à gauche. VICTORINUS. FELTRENSIS. SUMMUS. ℞. Pélican s'ouvrant la poitrine. MATHEMATICUS. ET. OMNIS. HUMANITATIS. PATER. (OPUS. PISANI. PICTORIS.)

7 cent.

624 — **Argentine Rangone** (1550). Tête à gauche. ARGENTINA. RANGONA. PA. DICAVIT. ℞. FIDES. ET. SANCTA. SOCIETAS. Femme assise couronnée par une victoire volant; dans le lointain, Neptune.

7 cent.

625 — **Thomas Rangone**, médecin (1562). Tête à droite. THOMAS. PHILOLOGUES. RAVENNAS. ℞. Bœuf couronné par une renommée. VIRTUTE. PARTA. DEO. ET. LABORE.

5 cent. 1/2.

626 — *Le même*. Tête à droite. THOMAS. PHILOLOGUS. RAVENNAS. ℞. Aigle portant un enfant à allaiter à une femme couchée. A. JOVE. ET. SOROR. ET. GENITA.

4 cent.

627 — **Beatrice Rangone de Ferrare** (1575). Tête à gauche, de trois quarts. BEATRIX. RANGONA. ROVERELLA. ℞. Galère. FIDE. ET. PICTATE. EGRIDIAR. Médaille carrée.

6 cent.

628 — **Ambroise Rinuccino**, religieux italien (XIVᵉ siècle). Tête à gauche, F. AMBROISIUS. RINUCCINUS. FL. OB. A. 1334. Fonte. Sans revers.

7 cent.

629 — **Antoine de Roselli**, jurisconsulte, né à Arezzo (1446). Tête à droite. ANTONIUS. DE. ROYSELLIS. Q. I. MO-

MARCHE. SAPIENTIAE. ℞. Homme assis. CELITUM. BENEVO-
LENDI. CH.

4 cent.

630 — **Louise Roscia**, de Bologne (XVI° siècle). Tête à
gauche. LUDOVICA. FELICINA. ROSCIA. BONONIEN. 1532. Sans
revers.

Biblioth

5 cent.

631 — **Virgile Rosario,** cardinal de Spolette. VIRGILIUS. RO-
ZARIUS. CAR. DE. SPOLITO. Main entourée d'un serpent. FIDE.
ET. PRUDENTIA.

3 cent. 1/2.

632 — **Bérnard de Rubéis**. Tête à droite. BER. RU. CO. BE.
EPS. TAR. LE. BO. VIE. GUB. ET. PRAE. ℞. Femme tenant un
pavot sur un char, traîné par un paon et un aigle. OB. VIR-
TUTES. IN. FLAMINIAM. RESTITUTAS.

6 cent.

633 — **San Gallo** (François) (XVI° siècle). Tête à gauche.
FRANCESCO. DA. SAN. GALLO. SCULTORE. ARCHITETTO. FIOREN.
℞. Tête à gauche. HELENA. MARSUPIN. CONSORTI. FIOREN. A.

10 cent.

634 — **Christophe Senlis** (XVI° siècle). Tête à gauche.
CHRISTOPHORUS. DE. SENTIS. PICTOR. ET. CHOROGRAPHUS. VERO-
NENSIS. ℞. Rocher dans la mer. NATURA. PIA. MATER. etc.

8 cent.

635 — **Jean Stabius**, poëte (1510). Tête à gauche. JOANNES.
STABIUS. POETA. LAUREATUS. ET. HISTORIOGRAPHUS. Sans revers.

7 cent.

FRANCESCO DA SAN GALLO SCVLTORE E ARCHITETTO FIOREN. MDL
Buste à gauche de San Gallo. — ℞ DVRABO Un chien près d'un Terme — 7. Piot. 61°

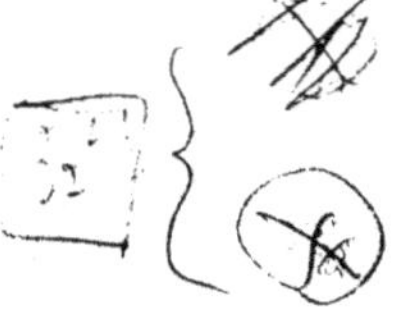

636 — Girolama Sacrati (xvi° siècle). Tête à droite. HIERO-
NIMA. SACRATA. Sans revers.

4 cent.

636 bis — La même. MDLV. Sans revers. 6 cent. 1/2.

637 — Antoine Sarzanella, philosophe italien (xv° siècle).
Tête à droite. ANTONIUS. SARZANELLA. DE. MANFREDIS. SA-
PIENTIAE. PATE. R. Femme assise entre deux chiens. IN. TE.
CANA. FIDES. PRUDENTIA. SUMMA. REFULGET. (OPUS. SPERANDEI).

7 cent.

638 — Letitia Sanuto. Tête à droite. LETITIA. SANUTO. M.
VENETA. R. Char, enfants tenant un écusson. DECUS. M. V.

8 cent.

639 — Isabelle Sessa (xv° siècle). Tête à gauche. ISABELLA.
SESSA. MICHAEL. VENETA. R. Femme assise sur des armes.
HPII. BAAIMOI. MENIZOMENE.

4 cent.

640 — Jean Marie Salizin. Tête à droite. GIORVAN. MARIA.
SALIZIN. Sous le buste P. Sans revers.

6 cent.

641 — Jacques-Antoine Sorra. Tête à gauche. JAC.
ANT. SORRA. 1501. R. Homme tirant des flèches sur un
but. NON. SEMPER.

5 cent.

642 — Claude de Seyssel. Tête à gauche. ILLUSTRIS.
AC. STRENNI. MILITIS. CLAUDII. DE. SEDSELLO. SABAUDIAE.
MDCCCCXXII. R. Femme assise sur une cuirasse. DISCIPLINA.
MILITARI. ET. ANIMI. VIRTUTE.

7 cent.

643 — **Louis Scarampi**, cardinal et médecin, né à Ferrare (1465). Tête à droite. L. AQUILIENSIUM. PATRIARCA. ECCLESIAM. RESTITUIT. ℞. Entrée triomphale de Scarampi. EXCITO. ECCLESIA. RESTITUTA.

4 cent.

644 — **Jérôme Savonarole** (1498). Tête à gauche. Tenant un cruxifix. HIERONYMUS. SAR. FER. ORD. PRE. VIR. DOCTRISSIMUS. ℞. Main et poignard, vue d'une ville. GLADIUS. DOMINI. SUP. TERA, etc. Colombe. SPIRITUS. DNI, etc.

8 cent.

645 — **Baptiste Spaniolo**, général des Carmes (1516). Tête à gauche. BAPT. SPANIOLUS. ℞. Un séraphin, une pie et un cygne. TER. MAX.

4 cent.

646 — **Azzio Syncero**, poëte, né à Naples (1530). Tête à gauche. ACTIUS. SYNCERUS. ℞. La naissance de Jésus-Christ.

3 cent. 1/2.

647 — **Torquato Tasso** (1595). Tête à droite. TORQUATUS. TASSUS. ℞. FAMAE. AETERNAE.

7 cent.

648 — **François Taverna**, jurisconsulte milanais (1561). Tête à droite, de trois quarts. FRAN. TABERNA. CO. LANDR. MAGN. CANCELLARIUS. AN. LXX. Sans revers.

7 cent.

649 — *Le même*. Tête à droite. FR. TABERNA. CO. LAND. MAGN. CANC. STA. MEDIO. AN. LXI. (P. P. C.) ℞. Levrier. IN CONSTANTIA. ET. FIDE. FELICITAS.

6 cent.

650 — **Thadée.** Tête à gauche. DIVA. HOC. IN. RUTILO. CELATA.
EST. ERE. THADEA. Sans revers.

8 cent.

651 — **Saint Thomas d'Aquin** (1274). Tête à droite.
DIVUS. THOMAS. DE. AQUINO. ℞. Palmier. RORATI. COLLI. DE.
SUPER.

7 cent.

652 — **Le Titien** (1576). Tête à gauche, de trois quarts.
VERA. TITIANI. EFFIGIES. (WARIN.)

653 — **Nicolas Todinas,** gouverneur du château St-Ange.
Tête à droite. NICOL. TODIN. ANC. ARCIS. S. ANG. PRAEFECTUS.
(P. P.) ℞. Le château St-Ange.

4 cent.

654 — **Louise de Tornabuoni** (XVIᵉ siècle). Tête à gauche.
LUDOVICA. DE. TORNABONIS. IO. FIL. ℞. Licorne couchée et un
oiseau perché sur un arbre.

655 — **Scaramutia Trivulce,** jurisconsulte (1527). Tête
à gauche. SCARAMUTIA. TRIVUL. CAR. COMEN. JO. FIRMI. PRIMI.
F. ℞. La Vérité et son miroir. HAC. SOLA. DOMINATUR.

6 cent.

656 — **Jean Louis Tuscano,** jurisconsulte, né à Milan
(1575). Tête à gauche. JOANNES. ALOISIUS. TUSCA. AUDITOR.
CAM. ℞. Neptune sur son char. VICTA. JAM. NURRIA. FATIS.
AGITUR.

4 cent.

657 — *Le même.* Tête à gauche. JOANNES. ALOYSIUS. TUSCANUS. AUDITOR. CAM. ℞. Pallas. QUIP. NON. PALLAS. (1P).

3 cent.

658 — *Le même.* Tête à gauche. JOHANNES. ALOISIUS. TUSCANUS. ADVOCATUS. ℞. Couronne. PRAEVENIT. AETATEM. INGENIUM. PRAECOX. *(Voir ci-dessus)*

7 cent.

659 — Benoît Varchi, poëte, né à Florence (1565). Tête à droite. B. VARCHI. ℞. Homme couché sous un arbre. COSI. QUAGGIU. 81. GODE.

5 cent.

660 — Auguste Vates, poëte, né à Udine (XVIᵉ siècle). Tête à gauche. AUGUSTUS. VATES. ℞. Figure debout. URANIA.

3 cent.

661 — François Vidomini, théologien, surnommé Il Franceschino. (1573). Tête à droite. FRANC. VISDOMINUS. FER-RARIEN, 1564. Sans revers.

6 cent.

662 — Louis Zampieri, le Dominiquin, né à Bologne (1641). Tête à droite. LUDOVICUS. DOMINICHINUS. ℞. Fleurs dans un vase, frappées de la foudre. ΑΝΑΔΕΔΟΤΑ. ΚΑΙΟΥ. ΚΑΙΕΙ.

4 cent.

663 — Même, sénateur. Tête à gauche. HIERO. ZANE. SENATOR. ℞. Saint Jérôme se frappant avec une pierre.

4 cent.

Inédit? IOHANNES. ALOISIVS TVSCANVS ADVOCATVS. — Buste à gauche de Jean Louis Tuscan
℞ INCERTVM IVRECONSVLTVS ORATOR AD POETA PRESTANTIOR. Sans une couronne de Laurier
diam. 7. Bories 34ᵉ (? le n° 658 ave...)

MALTE

664 — **Jean de Lavalette** (1568). Tête à droite. F. JO. DE. VALLETTA. M. M. H. H. MELITEN. PRIN. Sous le buste, BORRUS. Vue de l'île de Malte, PERPETUO. PROPUGNACULO. TURCICAE. OBSIDIONIS. 1568.

5 cent.

665 — *Le même.* (1568). Tête à droite. F. JO. VALETTA. M. M. HOSP. HIER. (F. CO.). ℞. DAVID. ET. GOLIATH. UNUS. X. MILLIA.

9 cent.

666 — **Hugues de Verdalle**, grand maître de Malte (1595). Tête à gauche. F. HUGO. LOUBENS. VERDALA. CARD. M. M. PRIN. MEL. C. Q. ℞. Neptune calmant les flots. COLLECTAS. FUGAT. NUBES. SOLEM. QUE. REDUCIT.

5 cent.

667 — **Alof de Wignacourt**, grand maître de Malte (1622). Tête à gauche, de trois quarts. FRATER. ALOYSIUS. DE. WIGNACOURT. Sans revers.

6 cent.

668 — **Jean Paul Lascaris**, né en Provence (1657). Tête à droite. F. JO. PAUL. LASC. CAST. M. M. H. H. ℞. Benson. 1643.

4 cent.

VARIA

669 — **Charles Vicomte.** Tête à droite. CAROLUS. VICOMES. ℞. Un arbre. COVALITER.

7 cent.

670 — Cyrus, roi des Perses (530 ans avant J.-C.). Tête
à gauche. CYRUS. REX. PERSARUM. (WARIN). Fonte. Sans
revers.

10 cent.

671 — Solon (559 ans avant J.-C.). Tête à gauche. SOLON. SA-
LAMIE. (VARIN.) Sans revers.

10 cent.

672 — Jules César (44 ans avant J.-C.). Tête à droite.
M. JULIUS. C. P. P. Sans revers.

11 cent.

673 — *Le même.* Tête à droite. CAESAR. IMPERATOR. P. P. P. ET.
SEMPER. AUGUSTUS. VIR. R̃. Deux personnages se donnant
la main. CONCORDIA. AUG. S. C. A l'exergue. CHRISTOPHORUS.
HIERIMIAE. F.

7 cent.

674 — Caracalla. Tête à gauche. ANTONINUS. PIUS. AUGUSTUS.
R̃. Deux génies funèbres assis près d'une tête de mort. IO.
SON. FINE. MCCCCLXVI. (Boldu.).

8 cent.

675 — Mahomet II (1481). Tête à gauche. SULTANI. MOHAM-
METH. OETHAMANI. UGULI. BIZANTII. IMPERATORE. 1481. R̃. Le
sultan à cheval. MOHAMMET. ASIE. ET. CRETIE., etc. OPUS.
CONSTANTII.

8 cent.

676 — Jean de Norès, comte de Tripoli. Buste à gauche.
JOANNES. DE. NORES. COMES. TRIPOLIS. Sans revers.

9 cent.

MAVMhET ASIE AC TRAPESVNZIS MAGNE QVE CRETIE IMPERAT.
SCVLTORIS
Buste de Mahomet II à gauche — R̃ CRETIE TRAPEZVNTV ASIE. OPVS BERTOLDI FLORENTIN
Mahomet sur un char traînant après lui 3 femmes captives — diam 9. Bésul 50 fr

677 — **Mus de Giot**. Tête à gauche. MUS. DE. GIOT. Sans revers.

4 cent. 1/2.

678 — **Jean Poligni**, conseiller du roi (xviie siècle). Tête à droite. IOANNES. POLIGNUS. R. CONS. S. D. AETA. XLIII. ℞. Vase et fleurs. VAS. INGENIO. POLLENS. JO. POLIGNUS. CONS. S. D. 1606.

4 cent.

679 — **Aristote**. Tête à droite. ARISTOTELES. Sans revers.

5 cent.

ANONYMES

680 — **Anonyme**. Tête à gauche. Homme jeune à longs cheveux.

7 cent.

681 — *Le même*. Tête d'homme à gauche. Sans légende ni revers. Médaille longue.

6 cent.

682 — *Le même*. Buste de jeune homme à gauche. Sans revers. Sous le buste, JOHANNES. Médaille longue.

7 cent.

683 — *Le même*. Tête d'homme à droite. Sans légende ni revers. Médaille longue.

5 cent. 1/2.

684 — *Le même*. Tête barbue à droite. REMEDIUM. INJURIAE. CONTEMPTUS. ℞. Écusson et cimier.

3 cent.

685 — *Le même*. Tête barbue à gauche, ayant quelque res-

semblance avec celle de François I*er*. Médaille ovale. Sans
revers.

4 cent.

686 — *Le même*. Tête barbue de vieillard à droite. SIL.
LUC. OST. ℞. NED. CELSI. OD. AELI. DOL. CES. Dans une couronne.

4 cent.

687 — *Le même*. Tête à droite. MAGTR. ANTHONIUS. GRATIA. DEI.
℞. Un écusson.

4 cent.

688 — *Le même*. Tête d'homme à droite. BIEN. DIRE. OU. TAIRE.
℞. Tête de femme à gauche. Sans varier.

4 cent.

689 — *Le même*. Tête de femme à droite. Sans légende ni
revers.

5 cent.

690 — *Le même*. Tête de jeune fille à droite. Sans légende ni
revers.

7 cent.

691 — *Le même*. Tête de femme à droite. SEMPER. EADEM. Sans
revers.

4 cent.

692 — *Le même*. Tête à gauche. ALMAREAL. DIGNISSIMA. D'IMPERO.
℞. Une femme et un enfant. TIMOR. D'INFAMIA. ET. SOL.
DERIO. 1558.

5 cent.